WILFRIED SCHARNAGL

Bayern kann es auch allein

Plädoyer für den eigenen Staat

QUADRIGA

MIX
Papier aus verantwortungsvollen Quellen
FSC® C006701

Dieser Titel ist auch als E-Book erschienen

Quadriga Verlag, Berlin, in der Bastei Lübbe GmbH & Co. KG

Originalausgabe

Umschlaggestaltung: Uwe C. Beyer, Hamburg
Umschlagabbildungen: picture-alliance/Artcolor; picture-alliance/Süddeutsche Zeitung Photo
Satz: Dörlemann Satz, Lemförde
Gesetzt aus der DTL Documenta
Druck und Einband: CPI – Ebner & Spiegel, Ulm

Printed in Germany
ISBN 978-3-86995-048-8

1 3 5 4 2

Sie finden uns im Internet unter: www.quadrigaverlag.de

Inhalt

I Um Bayerns Zukunft
Gegen die große Bevormundung

Wir leben in einer Zeit der Ungewissheit. Obwohl es an Forschern und Instituten nicht fehlt, deren Geschäft es ist, in die Zukunft zu blicken, um den Menschen zu sagen, was in zehn, zwanzig oder dreißig Jahren sein wird oder zumindest sein könnte, sind die gegebenen Einschätzungen vage oder widersprüchlich. »Die Krise« ist zum zentralen Begriff geworden, ihre Ausdehnung scheint grenzenlos. Globale Wirtschafts- und Finanzkrisen, in früheren Zeiten in Intervallen von Jahrzehnten einander folgend, treten in immer kürzeren Abständen auf. Die europäische Währungs- und Schuldenkrise hat das Zeug zu einem Dauerbrenner. Die Zeiten zwischen den Krisengipfeln werden von Monaten zu Wochen und von Wochen zu Tagen. Das gilt auch für die Haltbarkeit der dort getroffenen Beschlüsse. Europa, einst für die Menschen eine Perspektive der Hoffnung, ist dabei, die Dimension einer Bedrohung anzunehmen. Wo Vielfalt blühen sollte, wuchert Gleichmacherei.

Die »Alternativlosigkeit«, von der die Rede ist und mit der man die Menschen zur Hinnahme des eigentlich nicht Hinnehmbaren zwingen will, ist längst zu grenzüberschreitender Ratlosigkeit geworden. Die

Fragen, die sich die Menschen in Europa, in Deutschland und damit auch in Bayern stellen, werden nicht mit der ersehnten Glaubwürdigkeit und Dauerhaftigkeit beantwortet, nicht nur, weil dies angesichts eines Gebirges von Problemen kaum möglich ist, sondern auch deshalb, weil die Politik ihre wahren Absichten hinter täuschenden Begriffen versteckt. So wird dann das Wort »Hebel« nach verwirrender Debatte unversehens zu einer Billionenverpflichtung, bei der die Deutschen mit dem größten Milliardenanteil dabei sind. Die Menschen wollen wissen, wie es weitergeht – mit ihnen, mit ihren Familien, mit ihrer Zukunft, mit ihrem Aus- und Einkommen. Und sie wollen wissen, wie es um ihr Land, um ihre Heimat, um ihr Bayern steht – heute, morgen und übermorgen. Ob dieses Bayern jener Hort der Stabilität bleibt, den man kennt und schätzt und als sicheres Zuhause liebt.

Wo steht der Freistaat Bayern heute? Wo und wie stark ist sein Platz im deutschen und europäischen Gefüge? Wie sieht es mit seinem Rang und seiner Rolle in der Zukunft aus? Wie kann die Position gesichert werden, die seiner Größe, seiner wirtschaftlichen Leistungskraft, seinem geschichtlichen Erbe, seiner Unverwechselbarkeit, seiner Eigenständigkeit und seiner Eigenstaatlichkeit Rechnung trägt? Soll auf einem Weg fortgeschritten werden, der unter anhaltender Aushöhlung der föderalistischen Grundordnung der Bundesrepublik Deutschland die Länder schädigt und damit auch Bayern seiner Kraft beraubt? Soll der Fluss der nach Berlin wandernden Zuständigkeiten und Anmaßungen zu einem gleichgerichteten Strom von Kompetenzverlagerungen nach Brüssel werden? Soll Bayern diese Entwicklung als schicksalhaft gegeben hinnehmen? Oder soll es sich auf seine Stärke, auf den Kernauftrag seiner Verfassung und auf eine entschlossene und unbeirrte Wahrnehmung der Interessen seiner Menschen besinnen? Und die Konsequenzen aus einer wachsenden und doppelten Bevormundung – von Berlin und Brüssel ausgehend – ziehen und im Interesse seiner Menschen entschlossen Widerstand leisten?

Bayern ist ein Thema, das bewegt. Vor allem natürlich die Menschen in Bayern selbst. Dann aber auch all jene, die von außen auf Bayern blicken. Kein anderes der deutschen Länder erregt jenseits seiner Grenzen so viel Aufmerksamkeit wie der Freistaat im Süden Deutschlands. Bayern ist Gegenstand der Bewunderung, aber auch des Neids. Und es ist ein Land der Sehnsucht, in der Theorie und in der Praxis – nirgendwo sonst würden die Deutschen, wenn sie denn könnten, so gerne wohnen und leben wie in Bayern, und in kein anderes Land wandern so viele Deutsche aus der ganzen Bundesrepublik – in einer bewusst probayerischen Entscheidung – zu wie in den Freistaat. Schon diese Attraktivität macht Bayern zu einem Sonderfall im Reigen der deutschen Länder.

Bayern hat die Kriege und Katastrophen, die Wirren und Verwerfungen des 20. Jahrhunderts unversehrt überstanden. Was zu Anfang des 19. Jahrhunderts als Königreich entstand, hat in seinem geografischen Rahmen und in seinen staatlichen Grenzen auch zu Beginn des 21. Jahrhunderts festen Bestand. Bayerische Eigenstaatlichkeit hat daher mehr Selbstverständlichkeit, mehr Gewicht und mehr Stärke, als dies in anderen Ländern der Bundesrepublik Deutschland der Fall ist, zumal in jenen, die im Chaos der Jahre nach 1945 aus dem Willen von Besatzungsmächten heraus entstanden sind. Deshalb hat das föderalistische Prinzip der bundesstaatlichen Ordnung für Bayern weit mehr Bedeutung als im Rest der Republik. Auch aus diesem Grund findet der Freistaat Bayern auf Länderseite nicht die Unterstützung, die er brauchte, wenn es um die Aufrechterhaltung und Durchsetzung föderalistischer Grundsätze im Gesamtrahmen der Bundesrepublik Deutschland geht.

Das Begriffspaar »Eigenständigkeit und Eigenstaatlichkeit« hat für Bayern zwei Seiten – eine ideelle und eine materielle. Das stark ausgeprägte Selbstbewusstsein eines Landes und seiner Menschen, gewachsen in einer mehr als tausendjährigen Geschichte, steht in schroffem Gegensatz zu allem, was von außerhalb an gleichmacherischen Eingriffen erfolgt. Und dabei ist es Bayern und den Bayern gleichgültig, ob diese als Anmaßung empfundene Einmischung ihren Antrieb in einem deutschen Zentralismus aus Berlin oder einem europäischen Zentralismus aus Brüssel hat. Gleichgültig muss es dem Freistaat auch sein, ob die Praxis einer Schulden- und Transferunion Brüsseler oder Berliner Herkunft ist. In Europa hat dieses Unheil begonnen, in Deutschland ist es, angesichts der Praxis des Länderfinanzausgleichs und anderer Extrabelastungen für Bayern, seit Jahren bittere Wirklichkeit. Die Grenzen dessen, was eine Staatsregierung in München den Menschen in Bayern an Sonderbelastungen aus Zwängen dieser Art auferlegen muss, sind, je nach der Schärfe des Maßstabes, ganz nahe, schon erreicht oder längst überschritten.

Wie Deutschland in Europa, so sieht sich Bayern in Deutschland einer mit großer Mehrheit ausgestatteten Koalition der Forderer und Nehmer gegenüber. Die empörten Fragen, die dieserhalb von den Menschen in Bayern gestellt werden, haben in erster Linie die Politik und die Regierenden zum Ziel. Weil die Fragen nach Ausmaß, Grund und Ende der anhaltenden Belastungen der Bürgerinnen und Bürger nicht zufriedenstellend beantwortet werden, wohl auch, weil dies einfach nicht möglich ist, wird die Kluft zwischen den Menschen auf der einen Seite – vornehmlich jenen unter ihnen, die zur Kategorie der Steuerzahler gehören – und der politischen Klasse immer größer. In Bayern jedenfalls, wo arbeiten und Steuern zahlen noch für eine große Mehrheit der Bevölkerung selbstverständlich ist, wiegt dieses Thema schwerer als beispielsweise im Land Berlin, wo ein immer größerer Teil der Bevölkerung von staatlichen Transferleistungen lebt.

Bayern ist Doppelmitglied in einer Transferunion – in einer deutschen und in einer europäischen. Bayern zahlt für die deutschen Länder, Deutschland für die europäischen Länder – wer diesen Tatbestand für unerträglich hält und ihn ändern will, muss sich deshalb noch lange nicht den Vorwurf mangelnder Solidarität anderen gegenüber gefallen lassen.

Die Menschen in Bayern haben, im richtig gesetzten politischen Rahmen, mit ihrem Fleiß und ihrer Tüchtigkeit, mit ihrer Bereitschaft, Neues zu wagen und sinnvollen Fortschritt zu gestalten, ihre Heimat an die Spitze der deutschen Länder gebracht. Diesem

Aufstieg wurde in einer anhaltenden Gemeinschaftsleistung Dauer verliehen. An positiven Zukunftsprognosen, nicht von Bayern in Hausarbeit erstellt, sondern in wissenschaftlicher Unabhängigkeit von außen geliefert, fehlt es nicht. Dieser wirtschaftlichen und gesellschaftlichen Positionierung auf einem in jedem nationalen und internationalen Vergleich herausragenden Rang fehlt der angemessene politische Handlungsspielraum, weil die großen Mitspieler in Berlin und Brüssel mit einem starken Mechanismus der Machtanziehung ausgestattet sind. Während das Prinzip der Subsidiarität von Bayern aus mit Blick auf die deutsche und die europäische Politik ernst genommen wird, ist es in Berlin und Brüssel in der Regel nur unverbindlicher Bestandteil festlicher Sonntagsreden. Würde der Grundsatz der Subsidiarität, tragender Baustein der föderalistischen Ordnung der Bundesrepublik Deutschland ebenso wie der ursprünglichen Idee der europäischen Architektur, eingehalten, hätte der Freistaat Bayern weitaus größere politische Gestaltungsmöglichkeiten.

Die politische Wirklichkeit in Deutschland wie in Europa läuft diesem subsidiären Gedanken strikt zuwider. Auf bundespolitischer Ebene sei nur an die gegen die geltende verfassungsmäßige Zuständigkeitsteilung gerichteten Versuche erinnert, in Sachen Schule und Universitäten den Ländern Kompetenzen zu entwenden. Oder, um noch ein Exempel zu nennen: Wenn sich denn die Notwendigkeit ergibt, ein sogenanntes »Bildungspaket« zu schnüren, sind dann allemal die Länder dafür zuständig und nicht das Bundesarbeitsministerium. Wobei es im konkreten Fall anhaltend verwundert, dass für eine neue soziale Wohltat erst eine millionenschwere Öffentlichkeitskampagne inszeniert werden muss, um Bedarf und Nachfrage zu wecken.

In Brüssel scheint das Wort »Subsidiarität« völlig unbekannt zu sein. Die Wirtschafts- und Finanzkrisen in der Europäischen Union können noch so dramatisch sein und die Gemeinschaft bis an den Rand des Abgrunds und darüber hinaus bringen: In der Kommission sinnt man trotzdem Tag und Nacht darüber nach, sich neue Zuständigkeiten anzumaßen. Um ein besonders aktuelles und kurioses Beispiel zu nennen: Während in der belgischen Hauptstadt Anfang Dezember 2011 die Krisengipfel – mit wenig überzeugenden Ergebnissen – bis zum Morgengrauen tagten, wurden aus anderen, offensichtlich unterbeschäftigten Kommissionsbüros Vorschläge für eine neue Richtlinie zur Ausbildung von Kranken- und Altenpflegern bekannt. Danach kämen in Zukunft die vielen Zehntausende, die in Deutschland in diesen Berufen engagiert und gut arbeiten, dafür nicht mehr infrage, weil sie nur über die mittlere Reife, nicht aber über das von Brüssel geforderte Abitur verfügten. Der Aufschrei der großen Sozialorganisationen wie Caritas und Diakonie, dass ein solches Vorhaben zu einer Pflegekatastrophe in Deutschland führen müsse, ließ die europäischen Bürokraten unberührt. Die Entmündigungsideologie, die hinter dem Brüsseler Verordnungswahn steckt, hat auch mit einem unerträglichen Hochmut gegenüber den Menschen in Europa und ihrer Wirklichkeit zu tun. Wie sonst könnten Beamte der EU-Kommission auf den Gedanken verfallen, den bayerischen Bauern vorschreiben zu wollen, wie sie auf Ackergrundstücken, die an einem Hang liegen, die Furchen zu ziehen haben? Als ob die Bauern in Bayern und anderswo dies nicht schon viel länger und viel besser wüssten als die Schreibtisch-Landwirte im fernen Brüssel!

Liberalität, der Grundsatz des »Leben und leben lassen«, wird in Bayern seit jeher großgeschrieben. Gegen persönliche Einschränkung wird ein ausgeprägter Freiheitswille gesetzt. Das gilt auch für die bayerische Politik. Von außen verordnete Zwänge und Beengungen lähmen die Fantasie, fesseln vorhandene Kräfte und unterdrücken kreative Potenziale. Sie verhindern den Wettbewerb, der für einen lebendigen und erfolgreichen Föderalismus unabdingbar ist. Nur Freiheit, im Rahmen der bewährten Ordnung der sozialen Marktwirtschaft organisiert, macht die Kräfte frei, die sowohl dem einzelnen Menschen wie dem staatlichen und gesellschaftlichen Ganzen die Möglichkeiten zum Aufbruch in eine bessere Zukunft geben.

Um diese bessere Zukunft des Freistaats Bayern und seiner Menschen geht es. Die Eigenstaatlichkeit Bayerns bedarf einer schärferen Definition, einer anderen praktischen Ausfüllung. Der Ertrag, den die Menschen in Bayern für sich selbst und für ihr Land erarbeiten, darf nicht zu wesentlichen Teilen in den weiten und wenig kontrollierbaren Ebenen zwischen Berlin und Brüssel verschwinden. Wenn der Freistaat Bayern seine Zukunft stärker als bisher und gegen den Trend der Zeit in die eigenen Hände nehmen will, braucht er mehr Freiheit.

An Voraussetzungen dafür fehlt es nicht. Mehr als 12,5 Millionen Menschen leben in Bayern. Trotz insgesamt besorgniserregender demografischer Entwicklungen wird Bayern diesen Bevölkerungsstand auch in den nächsten Jahrzehnten halten, weil es an Anziehungskraft allen anderen deutschen Ländern überlegen ist. Die anhaltende Zuwanderung aus dem übrigen Deutschland ist der unwiderlegbare Beweis für diese nur auf den ersten Blick überheblich klingende Feststellung. Und die Menschen, die ins Land kommen, tun dies aus Überzeugung, sie bleiben nicht fremd, sie fühlen sich dem Freistaat zugehörig, sie werden zu Bayern. Der Freistaat Bayern ist, was Wirtschaftsleistung und Wirtschaftswachstum, was Zahl und Qualität der Arbeitsplätze und was die Innovationskraft seiner Wirtschaft angeht, ein Spitzenland. Diese Führungsposition wäre noch deutlicher sichtbar, wenn nicht auf dem Wege eines nivellierenden Länderfinanzausgleichs Jahr für Jahr viele Milliarden Euro in Bayern abgeschöpft und an andere Länder verteilt würden, von denen manche diese Zuweisungen nicht als vorübergehende Hilfe zur Entwicklung eigener Initiativen, sondern als Beitrag zur Beibehaltung eines gemütlichen Dauerzustands missverstehen. Dabei hat Bayern nie vergessen, dass es selbst einmal Nutznießer des Finanzausgleichs war, freilich im Vergleich zu seinen heutigen Zahlungen in bescheidenstem Umfang und stets von dem selbstverständlichen Bemühen getrieben, von einem Nehmerland möglichst schnell zu einem Geberland zu werden. Das ist dann auch Mitte der Achtzigerjahre gelungen. Wenn zum deutschen nun auch noch der schon begonnene europäische Länderfinanzausgleich hinzukommt, wird die Last für Bayern unerträglich.

Bayern muss sich wehren. Im Interesse seiner Existenz und Substanz, vor allem aber im Interesse seiner Menschen. Die Bayerische Verfassung, entstanden in Not und Elend der Nachkriegszeit, ist die Verfassung eines Vollstaats, nicht nur ein auf Mitgliedschaft in einem größeren Rahmen gerichtetes Regelwerk. Wenn sich Bayern stärker auf seine eigene Kraft besinnt und seine Eigenstaatlichkeit in die Praxis umsetzt, bietet die Verfassung dafür einen festen Rahmen und ein bewährtes Fundament.

II Ein Tag des Unheils für Bayern
Als das Deutsche Reich die Herrschaft übernahm

Franz Josef Strauß pflegte von »Bruchpunkten« in geschichtlichen Abläufen zu sprechen – von Ereignissen, deren langfristige Auswirkungen erst viel später zutage treten sollten. Einer dieser Bruchpunkte der bayerischen, der deutschen und auch der europäischen Geschichte war der Januar 1871 im Bayerischen Landtag in München.

Es ging in jenen Tagen, als der Deutsch-Französische Krieg tobte, in der Bayerischen Abgeordnetenkammer um Sein oder Nichtsein Bayerns. Die Entscheidung war zu treffen zwischen dem Fortbestand eines souveränen Staates in einem selbständigen Königreich und dem Eintritt in das neue Deutsche Kaiserreich, verbunden mit einer übermächtigen preußischen Dominanz und dem Verlust all dessen, worauf das Land und seine Menschen im Bewusstsein einer mehr als tausendjährigen Geschichte stolz waren. Die bayerischen Abgeordneten sahen sich damals in einer Situation, die jener der Abgeordneten des Deutschen Bundestags im Sommer und Herbst des Jahres 2011 glich und sich auch im Jahr 2012 fortsetzte. Dabei ging es um immer neue Milliarden oder gar Billionen zur vertragswidrigen Rettung verschuldeter europäischer

Staaten, die durch eigene Misswirtschaft an den Rand des Bankrotts oder darüber hinaus gekommen waren. Deutschland hatte und hat dabei die Hauptlast zu tragen, verbunden mit immer weiteren und ungewissen Risiken. Die Parlamentarier hatten über Verträge zu beraten und abzustimmen, die in ihrer Substanz schon weithin festgelegt und von der Regierung mit dem fatalen Stempel »alternativlos« präsentiert worden waren.

Die Parallelität: Obwohl der Bayerischen Abgeordnetenkammer noch keine Gelegenheit zu Debatte oder Abstimmung gegeben war und nur die Erste Bayerische Kammer, der Reichsrat, am 30. Dezember 1870 zugestimmt hatte, trat am 1. Januar 1871 der Versailler Vertrag über die Bildung des Deutschen Reiches in Kraft. Wie eilfertig und nebensächlich in der Kammer der Reichsräte diese einschneidende historische Entscheidung kurz vor Jahresende gefällt worden ist, geht aus der Tagesordnung der damaligen Sitzung hervor. Die Zustimmung zum neuen Deutschen Kaiserreich, das von Preußen beherrscht wurde, war der letzte Punkt auf der Agenda. Davor ging es beispielsweise um einen Gesetzentwurf zur Einschränkung von Hausschlachtungen zu Gunsten öffentlicher Schlachthäuser und um den Antrag eines Gerichtsboten auf Gehaltserhöhung.

Nur drei Mitglieder der Kammer der Reichsräte hatten gegen das Vertragswerk gestimmt. Ihr Wortführer war der in Würzburg geborene Jurist Georg Arbogast Freiherr von und zu Franckenstein, einer der herausragenden politischen Köpfe Bayerns im 19. Jahrhundert und später Vorsitzender der Zentrums-Fraktion im Deutschen Reichstag. Auch er habe »von Jugend auf für die deutsche Einheit gefühlt«, sich diese Einheit aber anders gedacht, als sie am 30. Dezember 1870 in der Ersten Kammer zur Abstimmung stand: »Ich dachte nicht die deutsche Einheit mit der einzigen Basis eines unermesslich großen Heeres, sondern ich dachte sie mir allerdings stark nach außen, aber frei nach innen. Das ist meine innigste Überzeugung, ein Staat, eine Föderation, der es an der Freiheit, an der Möglichkeit freiheitlicher Entwicklung fehlt, hat keine Zukunft.«

Freiherr von und zu Franckenstein lässt auch den Hinweis nicht gelten, dass Bayern schon allein deshalb zustimmen müsse, weil auch Baden und Württemberg Ja gesagt hätten. Diese Verzagtheit ist ihm absolut unverständlich: »Bayern ist ein Land mit einer Bevölkerung von nahezu fünf Millionen Seelen, ein Land, durch seinen Reichtum berühmt, ein Land mit geschonter Steuerkraft wie nicht leicht ein anderes Land, ein Land mit vollständig geordneten Finanzen, das soll unfähig sein, für sich fortzubestehen?« Beschwörend erinnert Franckenstein seine Standesgenossen an die Antwort der Kammer der Reichsräte auf die Thronrede von König Ludwig II. zu Beginn des Jahres 1870. »Wenn die deutschen Stämme sich nicht selbst aufgeben, sichern sie die Möglichkeit einer gedeihlichen Entwicklung Gesamtdeutschlands auf dem Boden des Rechts«, hatte es darin geheißen. Daher, so Franckenstein: »Ich für meinen Teil bin nicht imstande, für die Verträge zu stimmen, durch welche die Rechte der Krone, die Rechte des bayerischen Volkes untergehen werden.«

Die Missachtung und Düpierung von Vertretern

des Volkes in der Abgeordnetenkammer erfolgte nicht nur durch die vorherige Festlegung der Reichsräte. Sie ging weiter: Obwohl die Beratungen, die vom 11. bis zum 21. Januar dauerten, noch längst nicht abgeschlossen waren und obwohl noch nicht abgestimmt worden war, wurde am 18. Januar im Spiegelsaal des Schlosses von Versailles der preußische König als Wilhelm I. zum »Deutschen Kaiser« proklamiert. Er versprach, »allzeit Mehrer des Deutschen Reiches zu sein, nicht an kriegerischen Eroberungen, sondern an den Gütern und Gaben des Friedens auf dem Gebiet nationaler Wohlfahrt, Freiheit und Gesittung«.

In Bayern sah man – zumindest die Mehrheit der die Bayerische Abgeordnetenkammer dominierenden Patriotenpartei – eine andere Perspektive: eine düstere und unheilvolle Zukunft, für Bayern ebenso wie für Deutschland. All jene Abgeordneten, die sich unerschrocken gegen den nationalistischen Zeitgeist in Deutschland und auch in Teilen Bayerns stellten und mutig und besonnen für den unbeschädigten Erhalt Bayerns kämpften, hatten ein wegen seiner brutalen Ehrlichkeit bemerkenswertes Wort des Historikers Heinrich von Treitschke vor Augen. Der unverdrossene Sänger preußischer Größe und Vorherrschaft hatte die Parole ausgegeben: »Bayern ist eine lebensunfähige politische Missbildung, recht eigentlich ein Zwerg mit einem Wasserkopf, und Preußens Aufgabe besteht darin, Bayern zu zerschlagen und das Haus Wittelsbach auf seine Alpenländer zu beschränken.«

Treitschkes Ziel, die Vernichtung und das eigentliche Ende Bayerns, erkannten in dieser Schicksalsdebatte der Abgeordnetenkammer all jene Volksvertreter, die gegen das Versailler Vertragswerk ihre Stimme erhoben und am 21. Januar 1871 auch dagegen votierten. Sie orientierten sich an einem Satz des Philosophen Friedrich Wilhelm Schelling, wonach die Deutschen nicht in einem Zentralstaat zu leben berufen seien, sondern vielmehr dazu, »ein Volk von Völkern zu sein«. Auffällig an jenen 48 Abgeordneten, die in der Endabstimmung für den Erhalt Bayerns und gegen seine Unterordnung unter Preußen stimmten, war die Tatsache, dass viele von ihnen »Neubayern« waren. Sie waren Volksvertreter aus den fränkischen oder schwäbischen Landesteilen, die erst mit der Königreichwerdung zu Beginn des 19. Jahrhunderts zu Bayern gekommen waren. 102 Mitglieder der Abgeordnetenkammer stimmten im Sog des damals herrschenden nationalen Überschwangs den Verträgen von Versailles zu. Dabei hätten schon der Ort und der Zeitpunkt der Gründung des neuen Deutschen Reiches – in Versailles, nahe der Hauptstadt des »Erzfeindes«, und mitten in einem blutigen Krieg – allen Befürwortern Anlass zu Nachdenklichkeit und Sorge geben müssen, ob auf diesem Vorhaben angesichts dieser Umstände dauerhafter Segen liegen könne. Prinz Otto von Bayern, der in Vertretung seines königlichen Bruders an der Ausrufung des neuen Deutschen Kaisers in Versailles teilgenommen hatte, schrieb mit der Weitsicht seiner fragilen Psyche an Ludwig II.: »Ach, Ludwig, ich kann Dir gar nicht beschreiben, wie unendlich weh und schmerzlich es mir während jener Zeremonie zumute war, wie sich jede Fiber in meinem Innern sträubte und empörte gegen all das, was ich mit ansah. Welchen wehmütigen Eindruck machte es mir, unsere

Bayern sich da vor dem Kaiser neigen zu sehen; ich war eben von Kindheit an so was nicht gewöhnt, mein Herz wollte zerspringen. Alles so kalt, so stolz, so glänzend, so prunkend und großtuerisch und herzlos und leer.«

Ottos Klage wäre noch schmerzerfüllter gewesen, wenn er von der Rolle des Königs, seines Bruders, bei der Geburt des neuen deutschen Kaiserreiches gewusst hätte. Angewiesen auf eine Regierung in München, welche die Versailler Verträge wollte, hin- und hergerissen zwischen der Sorge um den Verlust der bayerischen Souveränität auf der einen und dem Drängen und Locken Bismarcks, verbunden mit finanziellen Hilfen aus Berlin, auf der anderen Seite, hatte Ludwig II. den ihm vorgelegten »Kaiserbrief« unterschrieben: Darin bot er im Namen der deutschen Fürsten dem preußischen König die neue Würde an der Spitze des Deutschen Reiches an. Dabei wurde der bayerische Souveränitätsverlust zum Trauma in der politischen Vorstellungswelt Ludwigs II., wie Hans-Michael Körner, Professor für Didaktik der Geschichte an der Universität München, schreibt: »Das subjektive Gefühl, in einer Schicksalsfrage der bayerischen Geschichte versagt zu haben, und das Nichtfertigwerden mit einer Situation, die im offensichtlichen Kontrast zur eigenen Selbsteinschätzung und zum historischen Selbstverständnis der wittelsbachischen Dynastie stand, haben viel dazu beigetragen, die Flucht des Königs aus der Realität zu befördern, haben ihm Motiv und subjektiv tragfähige Begründung für diese Flucht geliefert.«

Der tagelang währende parlamentarische Streit um den Beitritt Bayerns zum Deutschen Reich führte in der patriotischen Mehrheitspartei der Abgeordnetenkammer zur Spaltung. Den 48 Stimmen gegen die Annahme des Versailler Vertrages standen die 32 Ja-Stimmen von jenen Parteifreunden gegenüber, die dem parlamentarischen Druck und dem der Regierung, der sich auch in einer weithin begeisterten Öffentlichkeit widerspiegelte, nicht standzuhalten vermochten. Nach geschlagener Schlacht, nach dem bayerischen Ja zum Bismarck-Reich und zum Kaisertum der Hohenzollern, sahen sich die Gegner dieses Schritts einer breiten Verächtlichmachung als engstirnige Hinterwäldler und lächerliche Eigenbrötler ausgesetzt. Dabei waren sie es, die sich den offenen und realistischen Blick in die Zukunft bewahrt hatten.

Die in der Abstimmung vom 21. Januar Unterlegenen wehrten sich gegen dieses Urteil. Nur wenige Wochen nach diesem Datum erschienen in München die »Reden der verfassungstreuen Patrioten in den bayerischen Kammern über die Versailler Verträge« in Buchform. 1977 wurde die Sammlung unter dem Titel *Wider Kaiser und Reich* in der Originalfassung neu aufgelegt. Der Historiker Elmar Röder, Herausgeber der Neuausgabe dieser Reden, erinnerte an den Zweck dieser Dokumentation: »Die Zeitgenossen und auch spätere Generationen sollten die Gründe der bayerischen Patrioten für ihre Ablehnung von Kaiser und Reich kennenlernen und gleichzeitig wissen, dass es in einer von Opportunismus geprägten Zeit in Bayern noch Männer gegeben hat, die ihren Grundsätzen und ihrer politischen Anschauung treu blieben.« Röder würdigte auch die intellektuelle und politische Qualität jener Abgeordneten, die sich mutig gegen den Zeitgeist zu Wort meldeten: »Die Reden zeugen von dem hohen geistigen Niveau des parlamentarischen Lebens in der Bayerischen Abgeordnetenkammer. Sie bieten einen Querschnitt durch die Geschichte Bayerns, da die Redner zur Bekräftigung ihrer Argumente immer wieder Beispiele aus der Landesgeschichte aufgriffen. Darüber hinaus berühren die Reden die Problematik des deutschen Nationalgefühls und leisten einen Beitrag zur Frage von Zentralismus und Föderalismus in der deutschen Geschichte.«

Wichtig war den bayerischen Gegnern eines großdeutschen und preußisch beherrschten deutschen Zentralstaats die Klarstellung, dass sie durchaus Befürworter einer deutschen Einheit waren, freilich einer ganz anders gearteten als der nach Versailler Art. Deshalb gab es in einem »An unsere Wähler« gerichteten Vorwort der Redensammlung eine eindeutige Positionsbeschreibung: »Wenn wir daher auch eine Vereinigung der deutschen Stämme von ganzem Herzen wünschen und gerne unsere Mitwirkung hierzu geboten hätten, so konnten und durften wir doch zu einer solchen, der Stellung und Bedeutung Bayerns, seiner mehr als tausendjährigen ruhmvollen Geschichte unwürdigen Mediatisierung unseres Vaterlandes, zu einer solchen Zerreißung unserer Verfassungs-Urkunde unsere Stimme nicht geben.« In dieser – vor allem, aber nicht nur – an die Wähler der Patriotenpartei gerichteten Botschaft klingt auch an, was von vielen Rednern in der Abgeordnetenkammer als besonders unerträglich angesprochen worden war: Zum Dank dafür, dass bayerische Soldaten an der Seite der anderen Deutschen tapfer und siegreich gekämpft hatten, dass Tausende von ihnen gefallen oder verwundet worden waren, sollte Bayern nun um seine Souveränität gebracht werden. Deshalb der klagende Appell an die Wähler: »Diese Mediatisierung wird uns nicht von einem Sieger aufgezwungen, was jede Wahl ausschließet, sondern soll von uns, nachdem Bayerns tapferes Heer in so vielen Schlachten dem Bundesgenossen treue und wertvolle Kriegshilfe leistete, und während es jetzt noch mit ihm ebenbürtig an Tapferkeit dem Feinde gegenübersteht, ohne die Möglichkeit einer Abänderung freiwillig angenommen werden – Besiegter und Bundesgenosse auf gleicher Stufe!«

Der Krieg von 1870/71, der zur Zeit der Debatte herrschte, und die Angst vor weiteren Kriegen hat die bayerischen Gegner eines Eintritts in ein preußisch beherrschtes Deutsches Reich besonders in Angst versetzt und sie in ihrem Nein bestärkt: »Wenn man ein großes Reich gründet, wie es hier geschaffen werden will, wenn man alle Kräfte anspannt, einen Staat zu gründen, den man jetzt schon nach seiner Anlage einen ›absolutistisch-monarchisch-militärischen Staat‹ geheißen hat, von dem in Berlin gesagt worden ist, in ihm ist alles parlamentarische Leben, alle Freiheit aufgehoben – zu einem solchen Werk können wir nicht Ja sagen. Wohin führt die Gründung eines solchen Staates? Die Sucht, die Herrschaft über Europa zu bekommen, liegt zu Grunde, und diese Anspannung aller Kräfte wird auch in nächster Zeit zum Kriege führen«, warnt der aus der Rheinpfalz stammende Jurist Adolph Krätzer, Appellationsgerichtsrat in Passau und Abgeordneter des Wahlbezirks Grafenau.

Die Angst vor einer dramatischen geschichtlichen

Fehlentwicklung, sollte Bayerns Souveränität in einem preußisch-deutschen Zentralstaat untergehen, treibt die Redner der Patriotenpartei um. Voller Leidenschaft und geradezu beschwörend wendet sich der Abgeordnete Krätzer an seine Parlamentskollegen: »Glauben Sie, unser Volk hat den Willen, seine Söhne von einem Krieg zum anderen führen zu lassen? Ich glaube, in diesem Augenblick erleben wir einen Krieg, der schon so großes Elend gebracht hat, dass es wahrhaft erschreckend ist. Das Glück von Tausenden ist jetzt schon zertrümmert. Staaten gründen zu helfen, die die Herrschaft über Europa als Ziel haben, glaube ich, wird nicht unsere Aufgabe sein. Unsere Aufgabe wird die sein, unsere Kräfte in einem geeinten Deutschland zusammenzufassen, das stark genug sein soll, sich gegen jeden Angriff zu verteidigen, und daher geeignet ist, den Frieden zu erhalten. Das wollen wir, einen Staat, der seiner innersten Anlage nach defensiver Natur ist, aber nicht offensiver, nicht einen, der die Herrschaft über die Welt anstrebt. Denn der Frieden ist es, der den Wohlstand bringt, der Krieg zerstört den Wohlstand, und ein solcher ist uns in Aussicht. Dass er kommen wird, sehen wir, wenn wir die Traditionen des Stammes, an den wir uns knüpfen sollen, betrachten, wenn wir die Verfassung, die uns vorgelegt ist, in das Auge fassen.«

Auch der Abgeordnete Joseph Conrad Pfahler, Stadtpfarrer von Deggendorf und Abgeordneter von Straubing, stellt diesen Zusammenhang in den Mittelpunkt seiner Gegenposition: den zwischen Bayerns Mitwirkung am Deutsch-Französischen Krieg an der Seite Preußens und dem jetzt nach der Methode »Vogel, friss oder stirb« zur Billigung vorgelegten Vertragswerk: »Nun aber soll Bayern seine Siege mit dem Untergang seines Eigenlebens bezahlen? Wo ist das vorgekommen in der Weltgeschichte? Das ist ein Gedanke, den unser Volk nicht verträgt, den unser Volk nicht vertragen kann. Es ist der Widerspruch zu grell und zu groß, als dass das Volk, das solche Siege errungen hat, das solche Hingebung an den Bundesgenossen bewiesen, das so viel Gut und Blut geopfert hat, dass ein solches Volk glauben könnte, dies sei die rechte, die gute Art der Bündnistreue, die geübt wird.«

In die gleiche Kerbe schlägt der Regensburger Domvikar Joseph Neumaier, Abgeordneter des Wahlbezirks Landshut. Die Geschichte werde einmal zu Gericht sitzen und entscheiden, wer in den Jahren 1866 und 1870 der eigentliche Urheber der Kriege gewesen sei. Dann stellt er seine Fragen: »Wer hat denn den Nutzen davon? Wer hat den Nutzen dieser speziell preußischen Kriege von Anfang an bis jetzt? Wir haben nichts davon: Preußen wird die eroberten Provinzen sich annektieren, Preußen wird nach diesem Vertrage, der uns vorliegt, uns mediatisieren, wenigstens zum Vasallenstaate machen, wenn wir den Ausdruck ›mediatisieren‹ nun einmal nicht gebrauchen sollen. Das ist doch auch etwas Sonderbares, und unser Volk, soweit ich es kenne, schlägt die Hände zusammen und ruft aus: Ja, was soll denn das sein, eine solche Hilfe an Preußen geleistet, so viel Blut vergossen, solche Summen Geldes, so viele Millionen ausgegeben und zum Schluss dann mediatisiert, oder, wenn der Ausdruck nicht beliebt, zum Vasallenstaate gemacht zu werden?«

Der streitbare niederbayerische Abgeordnete legt zornig nach: »Das ist noch nicht vorgekommen, dass ein Staat unter solchen Verhältnissen, nach einem solchen siegreichen Feldzuge von dem Freunde, dem er sich hingeopfert hat, so um seine Selbständigkeit, um seine wichtigsten Rechte gebracht worden ist.« Joseph Neumaier glaubt auch den Stimmen der Vertragsbefürworter nicht, die für die Zukunft auf preußische Großzügigkeit setzen: »Ich habe kein rechtes Vertrauen auf den Bundesgenossen, und ich glaube, wie er jetzt im letzten Dezennium seine vermeintlichen Rechte geltend gemacht hat, so wird er sie wohl auch in Zukunft geltend machen.« Deshalb: »Wir haben eben nicht einen wirklichen deutschen Staat, ein wirkliches Deutschland vor uns, sondern es ist einfach das Großpreußen, die preußische Idee, welcher wir opfern und der wir anfangs im Verhältnisse eines Vasallen dienen sollen, um zuletzt von ihm ganz aufgesaugt zu werden.«

In den Köpfen und Herzen der Gegner eines preußisch dominierten deutschen Zentralstaats ist auch die Erinnerung an den deutsch-deutschen Bruderkrieg von 1866 und Preußens unheilvolle Rolle darin stets präsent. Dieser Aspekt wird vor allem von Abgeordneten angesprochen, die in unmittelbarer Nähe der damaligen Kriegsschauplätze ihre eigenen Beobachtungen gemacht haben. Anton Ruland, katholischer Theologe, Bibliothekar der Würzburger Universitätsbibliothek und von 1848 bis zu seinem Tod 1874 Mitglied der Abgeordnetenkammer, weiß also, wovon er spricht, wenn er, »getreu meinem Eid und meiner Überzeugung«, abzustimmen gedenkt und die für ihn entscheidende Frage stellt: »Was wird Bayern glücklicher machen, die Verträge oder die alte Verfassung? Was wird Bayern lieber sein: Bleibt es im Glanze seiner Krone, seiner eigenen Krone, oder im Glanze der neuen Kaiserkrone? Ich habe geschworen und bleibe meinem Eide treu: Ich will ein freies Bayern und einen freien König haben. Deshalb stimme ich gegen diese Verträge.«

Für ihre überzeugte Einschätzung, dass das bisherige Bayern in den Versailler Verträgen und im preußisch-deutschen Kaiserreich untergehen wird, fehlt es den patriotischen Gegnern des neuen Einheitsstaats nicht an Kronzeugen aus den Reihen jener, die jetzt für die Annahme der Verträge eintreten. So zitiert der Abgeordnete Ruland den Fürsten Chlodwig zu Hohenlohe-Schillingsfürst, den Vorsitzenden des Bayerischen Ministerrats von 1866 bis 1870 und im Laufe seiner späteren Karriere von 1894 bis 1900 Reichskanzler und preußischer Ministerpräsident. Dieser hatte ohne jede Beschönigung auf den Punkt gebracht, wie gravierend die Versailler Verträge in die Existenz und Souveränität Bayerns eingreifen und seine besondere Position im Reigen der deutschen Länder beenden würden: »Ich gestehe zu, dass die bayerische Selbständigkeit oder, besser gesagt, die Sonderstellung Bayerns in Deutschland durch diesen Vertrag mehr und tiefer erschüttert wird, als dies durch irgendeine staatsrechtliche oder internationale Verbindung geschehen ist, in der sich Bayern seit Abschluss des Westfälischen Friedens befunden hat.«

Auch deshalb weist der Abgeordnete Ruland alle dringlichen Appelle von Seiten der Regierung, die

Verträge doch anzunehmen, zurück. Er greift den Zuruf des Justizministers Johann Freiherr von Lutz auf, der mit der Aufforderung »Sie müssen die Verträge annehmen!« den Druck auf die widersetzlichen Patrioten verstärken wollte. Er erinnert »Seine Excellenz« daran, diese habe doch selbst erst vor wenigen Tagen noch gesagt, dass von Seiten der Großmacht, mit der man verhandle, von Preußen also, kein Zwang geübt werden solle. Deshalb: »Wenn kein Zwang geübt werden soll, wenn kein Zwang geübt werden wird, warum dann so eilen, ein Bündnis zu erfassen, von dem ein großer Teil des Landes sagt: Wir wollen es nicht!«

Wie andere seiner Kollegen setzt sich auch Ruland mit dem gängigen Vorwurf auseinander, Bayern werde im Falle eines Neins zu den Verträgen isoliert sein, weil die anderen deutschen Staaten Ja gesagt hätten. Der Abgeordnete aus Unterfranken hält dem entgegen: »Das zieht bei mir gar nicht und wird auch bei keinem wirklich freien Mann ziehen, denn wenn ein Stamm fest in Treue an seine Krone hält, wenn ein Stamm voll Liebe zu seinen eigenen Institutionen, die ihm ans Herz gewachsen sind, ausdauert und sich nicht entschließen kann, von seinen Rechten zu lassen, wenn er also deshalb sagt: ›Wir wollen nicht!‹, wird deshalb der Hass der anderen Stämme auf ihn fallen?« Anton Ruland glaubt dies nicht: »Ich bin überzeugt, jeder Stamm wird dies anerkennen – und, wenn auch vielleicht bedauernd, mit Achtung anerkennen müssen, dass es noch Männer gibt, die eine andere Überzeugung hatten und zugleich den Mut, trotz der allgemeinen oder überwiegenden Stimmung auszusprechen: Wir können nicht!«

Der massivste Druck auf die Vertragsgegner wird mit dem Argument ausgeübt, dass es keinen Ausweg für Bayern gebe, keine Alternative, dass Vertragsänderungen nicht mehr möglich seien und dass im Falle einer Ablehnung die später von Bayern abverlangten Konditionen noch weit schlimmer sein würden. Dieses Scheinargument griff, neben einer Reihe anderer Abgeordneter, August Wiesnet auf, der Vertreter des niederbayerischen Wahlbezirks Pfarrkirchen: »Also, heißt es, wir befinden uns in einer Zwangslage, wir könnten unsere Selbständigkeit, unsere Souveränität gar nicht aufrechterhalten. Dieser Satz wird in jüngster Zeit so durch alle Tonarten durchmoduliert, dass man sich seiner kaum mehr erwehren kann. Man stellt ihn hin als ein selbständiges Axiom, das eines Beweises gar nicht bedürftig sei. Bewiesen kann er allerdings nicht werden, weil er nicht wahr ist. Warum soll Bayern mit einer Bevölkerung von fünf Millionen, die soeben auch ihre Kraft so glänzend bewährt hat und noch bewährt, nicht selbständig bleiben können, während manche andere Staaten, kleiner an Umfang und Bevölkerung, eine geachtete Stellung seit Jahrhunderten in der europäischen Staatenfamilie einnehmen?« Auch er, so der Advokat Wiesnet, wolle den nationalen Zusammenhalt: »Aber wir wollen ihn erhalten auf der Grundlage der Gleichberechtigung und nicht des politischen Vasallentums, wie uns die vorliegende Bundesverfassung zumutet.« Deshalb sein persönliches Bekenntnis: »Dahin werden Sie es nie bringen, dass ich meinen Namen in das Verzeichnis derjenigen einschreiben lasse, die mit ihrem Votum zugleich Deutschland zerreißen und Bayern unter die Oberherrschaft Preußens legen.« Als sich dann die Mehrheit der Abgeordneten am 21. Januar 1871 für die Annahme der Verträge entscheidet, zieht Wiesnet seine bittere Konsequenz, er legt am Tag danach sein Mandat in der bayerischen Volksvertretung nieder.

Wichtig ist den Gegnern der Preisgabe von existenziellen bayerischen Positionen stets die Beteuerung, dass sie keinesfalls Gegner einer Gemeinsamkeit aller deutschen Stämme seien: »Auch wir wollen ein einiges Deutschland, wenn es um den Schutz desselben gegen das Ausland gilt, aber nur auf föderativer Grundlage«, bekundet der Theologe und Publizist Franz Mahr, vor seiner Parlamentstätigkeit – er ist Abgeordneter des Wahlbezirks Forchheim – kämpferischer Herausgeber des in Bamberg erscheinenden *Volksblatts*. Aber worauf die Patrioten auch bestehen: »Wir wollen unter allen Umständen ein freies, selbständiges Bayern, denn Bayern kann frei bleiben, wenn es will. Wir wollen ein selbständiges Bayern und damit die Bürgschaft für die Schonung seiner Kräfte und seines Blutes im Bürger- und Bauernstande.« Das patriotische bayerische Volk, so Mahr weiter, verhalte sich zu dem Versailler Vertrag wie zu dem gegenwärtigen Krieg: »Es hat beide nicht gewollt, es hat beide nicht verlangt, es ist an beiden nicht schuld und daher für beide nicht verantwortlich, aber es schreckt vor den Folgen beider mit Entsetzen zurück, weil diese Folgen eine vollständige Schädigung seiner Interessen, das Grab seiner Freiheit, seines Familienglücks und National-Wohlstandes bilden.« Der Forchheimer Abgeordnete fährt fort: »Wenn ich im Juni vorigen Jahres eine Volksversammlung gehalten hätte in Franken, in

Schwaben oder in Altbayern, in Württemberg, Sachsen oder Preußen und hätte gesagt: ›Höre, deutsches Volk, in vier Wochen geht dein sehnlichster Wunsch in Erfüllung, in vier Wochen haben wir einen Krieg‹, so würde man mich für einen Unsinnigen gehalten haben. Und wenn ich in Frankreich, in den Departements am Rhein oder an der Garonne, an der Loire oder an der Seine eine Volksversammlung gehalten und gesagt hätte: ›Französisches Volk! Freue dich, in vier Wochen wird dein Wunsch erfüllt, da gibt es Krieg mit Deutschland‹, so hätte man mich ebenso für unsinnig gehalten, denn das Volk hat keinen Krieg gewollt, weder herüben noch drüben.« Franz Mahr dann, voller Leidenschaft und voller Sorge um Bayern: »Aber das bayerische Volk hat die Ansicht, dass, wenn Fürsten und Diplomaten ihrer verletzten Eitelkeit, ihrer maßlosen Ruhmsucht, ihrer Ländergier und Eroberungslust keine Schranken mehr anzulegen wissen oder ihre Stellung moralisch unhaltbar geworden ist, sie einen Krieg veranlassen und die Völker, welche den Krieg nicht gewollt haben, sich dann gegenseitig massakrieren und ruinieren müssen, während die verbrecherischen Urheber des Krieges auf reservierten Höhen nach wie vor *in dulce jubilo* leben und ihren Champagner dazu trinken.«

Immer wieder kommt in den Reden die Angst vor dem preußischen Militarismus durch. Den gegenteiligen Beteuerungen wird kein Glauben geschenkt, auch in Wilhelm I. sieht man keinen Friedenskaiser. Georg Friedrich Kolb, einst Verleger der *Neuen Speyerer Zeitung*, Abgeordneter zunächst für Kaiserslautern und dann für den Wahlbezirk Würzburg, bringt diese

Furcht zum Schluss seiner Rede auf den Punkt: »Ich sehe in dem Militarismus, der in dieser neuen Verfassung fest begründet ist, die Entscheidung über Freiheit oder Absolutismus, über Volkswohlstand oder Wohlstandsverkümmerung. Ich kann überdies nicht, wie gestern ein Redner gesagt hat, das Prinzip des Friedens sehen. Ich fürchte von dem Kaisertume, dass es auch bei uns den Krieg bedeute.«

Auch die mit den Verträgen von Versailles verbundene Schaffung eines neuen Reichstags wird von den bayerischen Patrioten wegen des damit einhergehenden Verlusts bayerischer Zuständigkeiten vielfach kritisiert. Zu Recht nehmen sie Anstoß an der Diätenlosigkeit, die für die künftigen Reichstagsabgeordneten vorgesehen ist. Wenn Abgeordnete für ihre Tätigkeit keinerlei Ausgleich bekämen, würde dies die Mehrheit der Bürger aus wirtschaftlichen Gründen ihres passiven Wahlrechts berauben. Für den Bamberger Abgeordneten Jacob Schüttinger, Rechtsanwalt in seiner Vaterstadt, ist der Verzicht auf Diäten für die Reichstagsabgeordneten »nichts mehr und nichts weniger als der höchste Wahlzensus für die Wählbarkeit eines Vertreters des Volkes zum Reichstag«. Er stellt bohrende Fragen: »Was bedeutet denn die Diätenlosigkeit der Abgeordneten zum Reichstag? Sie bedeutet den Ausschluss politischer Charaktere, den Ausschluss des Talentes und der Intelligenz, wenn diese Vorzüge nicht mit Reichtum gepaart sind. Sie ist nichts Weiteres als die Bevorzugung des Reichen vor dem Armen. Ich finde darin eine Fälschung der öffentlichen Meinung, weil meines Bedünkens in vielen Fällen ein ganz anderer als Volksvertreter im Reichstag erscheinen würde, wenn er nicht genötigt wäre, das Mandat seiner Armut wegen abzulehnen.« Und Schüttinger erinnert verbittert daran, dass man im gegenwärtigen Krieg gegen Frankreich, als die deutsche Armee dem Feinde entgegenzog, nicht gefragt habe, wer reich, wer arm sei. Seine Haltung ist klar: »Ich will zu einer Verfassung meine Zustimmung nicht geben, die Bayern als den größten süddeutschen Staat in seinen Rechten tief erschüttert, das Maß der bürgerlichen Freiheit beschränkt, die Rechte des Volkes verkümmert und schließlich nichts herbeiführt als einen absolutistisch-militärisch regierten Staat, eine absolutistisch-militärische Hegemonie.«

Erschwert wurde der Kampf der heimattreuen Patrioten dadurch, dass sie, die für das angestammte Königshaus der Wittelsbacher und für dessen Souveränität kämpften, von dieser Seite ohne Unterstützung blieben. Mehr noch, die Prinzen des königlichen Hauses hatten in der Kammer der Reichsräte für das Versailler Vertragswerk gestimmt. Vielen Patrioten machte dies das Herz und das Argumentieren gleichermaßen schwer. Johann Lerzer, Bürgermeister seines oberpfälzischen Heimatortes Freystadt und Abgeordneter seit 1869, erinnert in bewegender Weise an die Treue der Bayern zu ihrem König: »Der Landmann gehört zu denen, von welchen unser höchstseliger König Max im Jahre 1848 sagte: ›Sie haben meinen Thron erhalten.‹ Der Landmann ist an das Althergebrachte gewöhnt, und deswegen liebt er sein Vaterland und seinen Fürsten mehr als jeder andere. Es wurde ihm dies von frühester Jugend in Schule und Familie eingeprägt, und jetzt soll er sich der Gefahr hingeben, von diesem lassen zu müssen! Er soll seine Söhne neben oder über seinem Fürsten zu einem zweiten schwören lassen! Er soll zugeben, dass Bayern, wenn auch nach und nach, Preußen einverleibt wird! O nein, nie und nimmer! Ich habe nur ein Herz, und dieses eine Herz kann nur einem Könige, einem Vaterland entgegenschlagen, niemals zweien, und dieses Vaterland heißt Bayern.«

Franz Xaver Greil, niederbayerischer Abgeordneter und Professor für Geschichte am Lyzeum in Passau, setzt sich kämpferisch mit dem immer wieder zu hörenden Vorwurf auseinander, Bayern sei insgesamt zu gering, habe zu wenig geleistet, als dass es sich gegen ein Zusammengehen mit Preußen stemmen könne: »Ich frage Sie, wo sind denn die Staaten Deutschlands, welche mehr als Bayern im Laufe der Geschichte geleistet haben? Ist denn nicht Bayern bei allen großen Vorgängen der deutschen Geschichte mitbeteiligt gewesen, und wenn, wie kann man dann sagen, Bayern hat nichts geleistet? Wer ist es denn gewesen, der jenes Institut einleitete, auf das die Herren jetzt so gerne ein übergroßes Gewicht legen, das Institut des Zollvereins? Ist es nicht Bayerns Fürst gewesen, der dieses Institut zuerst ins Auge gefasst und für Deutschland zuerst angestrebt hat? Oder wenn Sie die Verkehrsmittel betrachten: Wir haben in Bayern eine Reihe von Eisenbahnen, und die erste war die Bahn zwischen Nürnberg und Fürth, vom Ludwig-Donau-Main-Kanal gar nicht zu reden. Sind denn das keine Leistungen? Wenn man ferner auf Kunst und Wissenschaft Rücksicht nimmt: Wo in Deutschland ist denn für Kunst mehr geschehen als gerade in neuester Zeit in Bayern? Und wenn das der Fall ist, wie kann man dann sagen, dass Bayern nichts geleistet hat.« Greil traut auch den Zusagen nicht, dass die Rechte, die Bayern verbleiben sollen, die aber nach seinem Dafürhalten sehr gering anzuschlagen seien, auf Dauer gesichert sind: »Die Preisgabe der wichtigsten Rechte unserer bayerischen Krone, der bayerischen Selbständigkeit und was uns noch übrig bleibt, das ist in der Gefahr, in einem oder in zwei Jahren ebenfalls weg zu sein.« Im Widerstand gegen den weitverbreiteten Nationalismus, wie er von den Patrioten geleistet wird, sieht Greil eine Leistung für alle Völker: »Dadurch erwerben wir uns ein Verdienst nicht bloß um Bayern, sondern um Deutschland, um die ganze zivilisierte Welt.«

Unterstützt wurden die Abgeordneten, die mit aller Macht gegen das Aufgehen Bayerns in eine staatliche Ordnung Deutschlands unter preußischer Oberhoheit kämpften, auf außerparlamentarischer Seite durch Dr. Johann Baptist Sigl und seine Zeitung *Bayrisches Vaterland*. Durch nichts war er in seiner Grundhaltung zu beirren, auch nicht dadurch, dass allein im Jahre 1870 von den 294 Ausgaben seiner Zeitung 105 von den Behörden, in den meisten Fällen gegen jedes Recht und Gesetz, konfisziert wurden. Sigls Ausgangspunkt: »Wir können nicht wollen, dass Fremde über uns gebieten und dass unser König nicht mehr König, sondern Statthalter eines Fremden sei. Wir wollen ebenso einen freien König, wie wir ein freies, selbständiges Bayern wollen. Bayern, unser Vaterland, soll wieder einen ihm gebührenden Rang als freier, gleichberechtigter Staat einnehmen, wenn es gelingt, die uns aufgezwungenen Fesseln zu sprengen und, die Preußen von ihrem usurpierten Thron stürzend, ein ganzes Deutschland auf föderativer, freiheitlicher Grundlage wiederherzustellen.« Mit unerbittlicher Klarheit formulierte Sigl, was er und seine Mitstreiter von den bayerischen Volksvertretern forderten: »Wir erwarten von unseren Abgeordneten, dass sie nicht bloß die Erhaltung der Selbständigkeit und Unabhängigkeit Bayerns und unseres Königs als getreue Wächter wahren und hüten, sondern auch ans gemeinsame deutsche Vaterland denken und dessen Wiedervereinigung auf föderativer Grundlage, der Grundlage des Rechts und der Freiheit anstreben.« Für den mutigen publizistischen Streiter war die neue deutsche Kaiserkrone nichts anderes als die vergrößerte preußische Pickelhaube. »Mehr Kriege, mehr Krüppel, mehr Totenlisten und mehr Steuerzettel«, war seine düstere Bilanz. An das bayerische Volk appellierte Sigl, »so antipreußisch« zu wählen, »als des ganzen, großen Vaterlandes Heil und Wohlfahrt es erfordert, damit der Bau unserer inneren Freiheit nicht untergraben werde«. Bayerischer Patriotismus und bayerischer Antimilitarismus klingen bei den Vertragsgegnern immer wieder zusammen. So heißt es in der Ausgabe des *Bayrischen Vaterlands* vom 13. Januar 1871, also mitten im parlamentarischen Streit: »Wir wollen nichts wissen von einem ›Deutschen Reich‹, das aus Blut geboren, mit Blut gekittet, mit Eisen zusammengezwungen ist, nichts von einem ›Deutschen Kaiser‹, dessen Krone von dem Blut unserer Söhne und Enkel trieft … dessen Zepter eine Geißel der Völker, dessen Kaisermacht eine endlose Totenliste und zerrissene Verträge sind.

Was soll uns ein ›Kaiser‹, wenn wir schon einen König haben?« Friedrich Hartmannsgruber in seiner Geschichte der Bayerischen Patriotenpartei: »Man wird zugeben müssen, dass die historische Entwicklung die Kassandrarufe der konsequent ablehnenden Patrioten nachträglich in manchem bestätigt hat.«

Joseph Edmund Jörg, 1819 in Immenstadt geborener Archivar und Publizist, war der intellektuelle und kämpferische Kopf der Patriotenpartei. Ihm hatte sie ihren Wahlerfolg von 1869 zu danken, aus dem sie als stärkste Fraktion der Abgeordnetenkammer hervorgegangen war. Unbarmherzig rechnete er mit den Befürwortern eines Beitritts zum neuen Kaiserreich der Hohenzollern ab. Seine Argumentation traf die Kontrahenten deshalb ins Mark, weil er sich auf eine Fülle von Äußerungen und Wertungen stützen konnte, mit denen die Ja-Sager von heute noch gestern selbst ihre Verweigerung einer bayerischen Selbstaufgabe begründet hatten.

Der Kampf um Begriffe und ihre Deutung spielte in den Januartagen 1871 in der Bayerischen Abgeordnetenkammer eine wichtige Rolle. So hatte Handelsminister Gustav von Schlör sich dagegen verwahrt, dass von den Vertragsgegnern immer wieder von einer drohenden Mediatisierung Bayerns gesprochen werde, was unpassend sei, weil Mediatisierung die Unterordnung eines Reichsunmittelbaren unter eine Landeshoheit bedeute. Edmund Jörg ließ diese Verharmlosung nicht durchgehen: »Ja, so war es. Seit der Zeit aber ist das Wort Mediatisierung aus unserem Sprachgebrauch nicht verschwunden. Das Wort Mediatisierung hat danach in unserem deutschen Sprachgebrauch eine analoge Bedeutung erhalten, und das Wort Mediatisierung bedeutet jetzt: die Unterordnung eines souveränen Landes unter die erbliche Zentralgewalt einer fremden oder sage ich lieber einer anderen Dynastie.« Es gehe also um das, so Jörg, was 1866 dem besiegten Sachsen von Preußen geschehen sei und was jetzt durch die Annahme der Verträge dem siegreichen Bayern geschehen solle.

Jörg lässt auch den Hinweis nicht gelten, dass sich das Königreich Bayern einer überbordenden nationalen Stimmung nicht entziehen könne: »Wenn man nun, meine Herren, uns sagt, dass die nationale Idee uns zwingen soll, auf die Verträge, wie sie liegen, einzugehen, dann sage ich meinerseits: Die nationale Idee zwingt uns dazu nicht; sondern es zwingt uns dazu nur das Bedürfnis des preußischen Militärstaates. Und wenn Preußen wirklich die königliche Staatsregierung Bayerns vor die Alternative gestellt hat, entweder in diesen Bund einzutreten oder draußen zu bleiben, dann sage ich: Wir bleiben mit gutem Gewissen draußen.« Mit Blick auf die bevorstehende Abstimmung zieht Edmund Jörg ein persönliches Fazit: »Was mich betrifft, so fühle ich mich nicht gewählt und nicht bevollmächtigt, in irgendeiner Weise zu einer über die ganze Zukunft des Landes entscheidenden Sache ohne Weiteres hier Ja zu sagen. Ich fühle mich, meine Herren, mit einem Worte nicht bevollmächtigt, in irgendeiner Weise unser liebes altes Bayerland aus unseren Händen zu geben und Preußen auszuliefern.« Geradezu beschwörend schließt er seine Rede: »Wir können nicht, was Sie von uns verlangen. Berufen Sie sich an das Volk, es möge andere Hände schicken. Die unsrigen beben zurück, sie werden das Grab nicht graben, wie man es von uns verlangt.«

Die Auskunft darüber, welche Position in den langen und heftigen Debatten des bayerischen Abgeordnetenhauses in den Januartagen des Jahres 1871 die richtige war, musste die Zukunft geben. Und die Geschichte gab diese Antwort, spätestens dann, als der Erste Weltkrieg mit seinen furchtbaren Folgen ausbrach, für Bayern, für Deutschland, für ganz Europa. Die Vertreter des bayerischen Volkes, die sich in der Abstimmung am 21. Januar 1871 gegen die Versailler Verträge ausgesprochen und sich mit aller Kraft dagegengestemmt hatten, das Tor zum Unheil zu öffnen, hatten recht behalten.

Am Abend dieses 21. Januar 1871 schrieb Ludwig von der Pfordten, nach Ministerjahren in Sachsen von 1849 bis 1859 Staatsminister des Königlichen Hauses und des Äußern in Bayern und von 1864 bis 1866 noch einmal in diesen Ämtern, wobei er gleichzeitig Vorsitzender des Ministerrats war, in sein Tagebuch: »Heute haben die Abgeordneten der Kammer ihren König und ihr Land unter die preußische Militärherrschaft mediatisiert: Finis Bavariae!«

Die Patrioten, die sich mit aller Kraft gegen das Aufgehen Bayerns in einem preußisch beherrschten deutschen Einheitsstaat wehrten, hatten auf verlorenem Posten gestanden. Die Pläne Otto von Bismarcks gingen auch deshalb auf, weil das bayerische Volk, in großen Teilen vom Zeitgeist mitgerissen und von siegesgewisser Kriegsbegeisterung befeuert, einer politischen Führung und wohl auch dem König die Zustimmung versagt hätte, wenn sich diese dem starken

Strom der Zeit hätten verweigern wollen. Dieser »elementaren Kraft«, so Karl Schwend, Jurist, Politiker und unter Ministerpräsident Hans Ehard von 1949 bis 1954 Amtschef der Bayerischen Staatskanzlei, stand kein ebenbürtiges Bollwerk entgegen, das stark genug gewesen wäre, das Konzept Bismarcks zu stören und dadurch die ganze deutsche Staatsentwicklung in eine andere Richtung zu lenken.

Die Bilanz der Verträge von Versailles, wie sie Karl Schwend in seinem großen Werk *Bayern zwischen Monarchie und Diktatur* zieht: »Gemessen an seiner bisherigen Stellung als letzter deutscher Mittelstaat von europäischer Bedeutung, hatte Bayern für die deutsche Einigung das weitaus größte Opfer zu bringen, das durch keine Sonderstellung innerhalb der völlig veränderten neuen staatsrechtlichen Verhältnisse aufgewogen werden konnte. Der Abschluss des Verfassungsbündnisses, aus dem die Reichsverfassung von 1871 entstand, bedeutete für Bayern nicht nur einen Wendepunkt, sondern einen gewissen Endpunkt seiner Geschichte. Es hatte aufgehört, ein selbständiger Staat zu sein. Der Klageruf aus dem Lager der Patrioten ›consumatum est‹ (Es ist vollbracht) hatte seinen tiefen Sinn. Es war ein Ende. So weittragend und entsagungsreich bewertete Bismarck die Entscheidung Bayerns, dass er sie mit dem Überschreiten des Rubikon verglich. Er, mit seinem ausgesprochenen Instinkt für staatliche Macht, hatte ein Gefühl dafür, was es für einen Staat bedeutet, in seiner Selbstaufgabe so weit gehen zu müssen, wie es von Bayern verlangt wurde, um das Reich entstehen zu lassen.« Alle großen Schicksalsfragen lagen von nun an in der Hand des das Reich beherrschenden preußischen Staates. Preußen war, so Schwend, zum Schicksal Deutschlands geworden.

Zu den Angehörigen des Hauses Wittelsbach, die am 30. Dezember 1870 in der Kammer der Reichsräte für die Versailler Verträge gestimmt hatten und mit der weitgehenden Preisgabe der bayerischen Selbständigkeit einverstanden waren, hatte auch Prinz Ludwig gehört. Er war ein Sohn von Prinzregent Luitpold, der nach dem Tod von König Ludwig II. als des Königreichs Verweser mehr als 25 Jahre an der Spitze der bayerischen Monarchie stand. Nach seinem Tod am 12. Dezember 1912 folgte ihm sein Sohn Ludwig als Prinzregent, der im nächsten Jahr, obwohl König Otto, der geisteskranke Bruder König Ludwigs II., immer noch lebte, als Ludwig III. zum König ausgerufen wurde.

Prinz Ludwigs Ja zu den Verträgen erfolgte, obwohl es seiner eigenen Argumentation und seiner persönlichen Einstellung im Kern widersprach, wie der große bayerische Historiker Hubert Glaser in einem Lebensbild des letzten bayerischen Königs schreibt. Die Verträge hätten nicht, so Prinz Ludwig, den Lohn gebracht, den Bayern zum Ende des Jahres 1870 für die Erfüllung seiner Bündnisverpflichtungen gegenüber Preußen verdient hätte, keine angemessene Stellung im Reich. Die Verträge würden »Bayern große Opfer zumuten, ihm erhöhte Lasten bezüglich des Militärs und neue Lasten bezüglich der Marine auferlegen, das Aufgeben wesentlicher Rechte der Krone und des Landes verlangen«. Nicht ein Bundesstaat stehe bevor, das neue Deutsche Reich werde vielmehr als Hegemonie Preußens errichtet, was die Gefahr in sich berge, »dass die Kräfte des Ganzen zu Sonderzwecken der Präsidialmacht, das heißt Deutschlands Kräfte zu preußischen Sonderzwecken, zu preußisch-dynastischen Zwecken verwendet« würden. Trotz dieser negativen Beurteilung stimmte Prinz Ludwig dann doch mit Ja, weil er ökonomische Vorteile und eine größere internationale Stellung des neuen Reiches sah, und auch, weil sich die politische Entwicklung im Einklang mit dem aus dem neuen Reich ausgeschlossenen Österreich vollziehe. Glaser urteilt über diese aus einem tiefen Zwiespalt heraus erfolgte Entscheidung: »Die Argumentation macht deutlich, dass der künftige Repräsentant des Königreichs schon damals bereit war, die ökonomischen Chancen und die machtpolitischen Entfaltungsmöglichkeiten mit der Preisgabe geschichtlich gewachsener Positionen, mit der Schwächung der bayerischen Staatlichkeit, mit der Schmälerung der Souveränitätsrechte der bayerischen Krone und mit dem Verzicht auf eine strikt föderative Gestaltung des künftigen Deutschland zu bezahlen. Das bedeutete aber nichts anderes, als dass er sich damit abfand, dass Bayern künftig im Deutschen Reich auf Dauer in die politische Defensive gedrängt wurde.«

Der tragische Bogen vom Januar 1871 zum November 1918 schloss sich, und er war für den letzten bayerischen König nicht ohne bittere Ironie. Mit dem Ja zu den Versailler Verträgen nahm das Verhängnis seinen Lauf: Der Erste Weltkrieg forderte so viele Opfer wie kein Krieg zuvor. Die bayerischen Patrioten, die dagegen und gegen eine Übermacht von Feinden gekämpft hatten, bewiesen mehr Weitsicht und mehr Mut als die Vertreter der königlichen Dynastie, um deren Zukunft es in den Tagen der Januardebatte von 1871 in besonderer Weise gegangen war. Aus den Reden der Abgeordneten ist zu spüren, wie sehr sie unter dem Widerspruch litten, für die Sache des Königs streiten zu müssen, ohne von dort Unterstützung zu erfahren.

Wenn also jemand Anlass gehabt hätte, über die Tage der Entscheidung von 1870/71 und über sein Votum nachzudenken und darüber ins Grübeln zu geraten, dann hätte dies König Ludwig III. von Bayern sein müssen, als er nach seinem Sturz – und er war der erste deutsche Fürst, der seinen Thron verlor – bei Nacht und Nebel zuerst aus seiner Residenzstadt München und dann aus seinem Königreich Bayern hatte fliehen müssen …

III Die Geschichte präsentiert die Rechnung
Jahrzehnte der Katastrophen

Die bayerischen Gegner der Versailler Verträge von 1871 hatten recht gehabt, auch wenn sie in der Abgeordnetenkammer nicht recht bekamen. Die deutsche und mit ihr die bayerische Geschichte nahm jene unheilvolle Entwicklung, die vorausgesagt worden war. Das neue Deutsche Reich wurde zu einem von Berlin beherrschten Groß-Preußen. Während Otto von Bismarck in seiner Zeit als Reichskanzler darauf bedacht war, die Form im Umgang mit den Ländern und auch mit Bayern zu wahren, schienen für Kaiser Wilhelm II. solche Bemühungen undenkbar. Im Bereich der auswärtigen Politik, also dort, wo über Krieg und Frieden zu entscheiden war, erwies sich der Einfluss Bayerns und der anderen Länder als so gering, wie dies von den bayerischen Gegnern des neuen Reiches befürchtet worden war. Daran änderte sich auch dadurch nichts, dass sich Bayern für die Zeit nach der Reichsgründung das Recht auf Gesandtschaften in St. Petersburg, in Wien und zweimal in Rom, beim Heiligen Stuhl und bei der italienischen Regierung, vorbehalten hatte. In Paris konnte ein Geschäftsträger, in Bern ein Ministerresident unterhalten werden. Aber was sollen Botschaften, wenn keine entscheidenden Botschaften zu übermitteln sind! Der schöne Schein vermochte die Realität des fehlenden außenpolitischen Mitspracherechts nicht zu überspielen. Auch die Tatsache, dass Bayern vertragsgemäß der ständige Vorsitz im Bundesratsausschuss für auswärtige Angelegenheiten zustand, konnte die preußische Dominanz in der Außenpolitik des Reiches nicht beeinträchtigen. Der Ausschuss hatte in Friedenszeiten keine politische Bedeutung, und als er sie in gewissem Umfang in der Zeit des Ersten Weltkriegs erlangte, war es zu spät.

Wie sehr Bayern und sein Königshaus gerade im Bereich der auswärtigen Angelegenheiten und der damit verbundenen staatlichen und dynastischen Repräsentanz unter dem preußischen Vormachtanspruch litten, offenbart ein bezeichnender Vorgang vom Juni 1896, der in Moskau seinen Anfang nahm und den Hubert Glaser beschreibt: »Zur Krönung des Zaren Nikolaus II. war eine Delegation erschienen, in der Prinz Heinrich von Preußen, der Bruder Wilhelms II., den Kaiser, Prinz Ludwig von Bayern seinen Vater, den Regenten, vertrat. Der Vizepräsident des Deutschen Reichsvereins gab einen Empfang und begrüßte Prinz Heinrich und ›die in seinem Gefolge hier erschienenen deutschen Fürsten‹. Das widersprach dem Reichsverständnis des Prinzen Ludwig diametral. ›Wir sind‹, belehrte er den Gastgeber, ›nicht das Gefolge des Prinzen Heinrich, wir sind die Vertreter der deutschen Fürsten und Könige; es sind auch regierende Herren unter uns; die deutschen Fürsten sind nicht Vasallen, sondern Verbündete des Deutschen Kaisers.‹ Der Vorfall, nachdem die Presse ihn aufgegriffen hatte, schockierte nicht nur das politische Berlin, sondern auch die Bayerische Staatsregierung.« Prinz Ludwig wurde zu einem Entschuldigungstelegramm an den Kaiser gedrängt und sollte zur Erklärung und Klärung der Angelegenheit persönlich seine Aufwartung machen. Hubert Glaser schreibt: »Er erreichte den Kaiser in Kiel auf dessen Yacht ›Hohenzollern‹, schilderte die Situation, bat um Verständnis dafür, dass ihm die Galle übergelaufen sei, und wollte doch daran festhalten, dass die deutschen Fürsten keine Vasallen, aber leider oft so behandelt worden seien. Der Kaiser replizierte kühl, dass die Vertretung des Reiches nach außen nicht den süddeutschen Staaten obliege.«

Es sind nicht Kleinstaaten und auch nicht Mittelstaaten wie Bayern, deren Politik zu Weltkriegen führt. Wenn man die Freiheit abschaffen wolle, meint der österreichische Philosoph, Ökonom und Nobelpreisträger Friedrich August von Hayek, so müsse man ein großes Reich schaffen. Es sind die großen zentralistischen Macht- und Einheitsstaaten, die den Ton angeben und ihren Völkern den Weg in Not und Elend, in Tod und Verderben öffnen. Im Sommer 1914 war es so weit, der Erste Weltkrieg brach aus. König Ludwig III. erklärte den Kriegszustand für Bayern. Dass er das tun durfte, gehörte zu den Reservatrechten, die Bayern 1871 gewährt worden waren. Ein bitteres Recht! Hatten die Versailler Verträge dem bayerischen König in Friedenszeiten den Oberbefehl über das bayerische Heer gesichert, so trat in Kriegszeiten der »Bundesfeldherr«, der Deutsche Kaiser, an seine Stelle. Damit war auch klargestellt, bei wem in dieser Völkerschlacht, für deren Ausmaß an Zahl und Leid der

Opfer es in der Geschichte der Menschheit bis dahin kein Beispiel gab, die Führung und damit Verantwortung liegen würde.

Sosehr Ludwig III. in Friedenszeiten dem preußischen Herrschaftsanspruch voller Misstrauen gegenüberstand und sosehr er auf die Selbständigkeit Bayerns im Kaiserreich pochte – als der Krieg ausbrach, fühlte er sich als deutscher Patriot: »Niemand soll sagen dürfen, Bayerns König habe auch nur einen Augenblick gezögert, die Treue zum Reich durch die Tat zu beweisen.« Er befand sich damit im Einklang mit der vorherrschenden Stimmung seines Volkes, der Politik und der Parteien. Auch die Sozialdemokraten waren von Kriegsbegeisterung erfüllt. Die Treue zu Kaiser und Reich bewahrte sich der König bis zum bitteren Ende. Dabei hatte er angesichts der jubelnden Massen, die sich zum Kriegsausbruch vor dem Wittelsbacher Palais in München versammelten, hellsichtig angemerkt, dass diese gar keine Ahnung hätten, was für eine schreckliche Sache ein Krieg sei. Der König schätzte die Kriegsbegeisterung mit gebotener Nüchternheit als Hysterie ein, die auch in ihr Gegenteil umschlagen könne. Freilich, nicht das ganze Bayern war von der Kriegsbegeisterung erfüllt. Der Historiker Hermann Rumschöttel hat in einem Aufsatz über den 1. August 1914, den Tag des Mobilmachungsbefehls für das bayerische Heer, erschienen in dem Sammelband *Bayern nach Jahr und Tag. 24 Tage aus der bayerischen Geschichte*, auf diesen Sachverhalt hingewiesen: »Wir wissen heute, dass das klischeehafte Bild einer allgemeinen Kriegsbegeisterung in Deutschland, eines alle Bevölkerungsschichten gleichmäßig mobilisierenden ›Augusterlebnisses‹ falsch ist. Der Kriegsbeginn hatte durchaus widersprüchliche Reaktionen zur Folge. Während urbane bürgerlich-akademische Kreise tatsächlich einen auffallenden Kriegsenthusiasmus zeigten, waren die Reaktionen in ländlichen Regionen – genaue Untersuchungen liegen für den südbayerischen Raum vor – eher verhalten. Auch Niedergeschlagenheit und Pessimismus sind den Stimmungsberichten, Tagebüchern, Briefen und Verwaltungsakten zu entnehmen.«

Rupprecht, der Kronprinz, militärisch exzellent ausgebildet und als Generalfeldmarschall nicht nur im bayerischen Rahmen einer der herausragenden militärischen Führer auf deutscher Seite, erkannte früher als andere die Gefahren und Risiken des Krieges und bezog die Möglichkeit einer Niederlage in sein Denken ein. Schon im Sommer 1915, nach einem Jahr Krieg, nahm der Kronprinz von der Vorstellung eines »Siegfriedens« Abschied und orientierte sich am Ziel eines »Verständigungsfriedens«. »Wenn es so weitergeht mit den Verlusten, müssten wir Frieden schließen, bevor wir völlig erschöpft sind«, äußerte Rupprecht gegenüber Generalfeldmarschall Paul von Hindenburg. »An eine völlige militärische Entscheidung in diesem Kriege vermag ich nicht mehr zu glauben … Seine Folge wird die völlige Erschöpfung und der hierdurch bedingte Niedergang Europas und das Aufblühen Amerikas sein«, notierte er zum Jahresende 1916 in sein Kriegstagebuch. Immer wieder forderte Rupprecht, der nur Kronprinz und in militärische Reichshierarchien eingebundener Heerführer war, seinen Vater auf, beim Kaiser auf einen Friedensschluss zu drängen. Rupprecht selbst tat dies ebenfalls gegenüber Wilhelm II. und wiederholt gegenüber der Obersten Heeresleitung. Dort war man blind und taub, wollte beispielsweise nicht wahrhaben, dass die Vereinigten Staaten von Amerika mit namhaften Truppenkontingenten in den europäischen Krieg eingreifen könnten. Der bayerische Kronprinz dagegen warnte: »Gering geschätzt können die Amerikaner in einem Jahr leicht 500 000 Mann herüberschicken.«

So hat die bayerische Monarchie, in besonderer Weise verkörpert in ihrem Kronprinzen, vor den anderen deutschen Fürstenhäusern die Aussichts- und Ausweglosigkeit eines Krieges erkannt, dessen Ungewinnbarkeit nicht erst in seiner Endzeit zutage trat. Noch vor dem sinnlosen Schlachten und Sterben von Verdun schrieb Rupprecht dem königlichen Vater: »Unser Angriff auf Verdun dürfte im Falle des Gelingens kaum mehr als einen moralischen Erfolg erzielen. Er ist meines Erachtens eine Kräftevergeudung.« In sein Kriegstagebuch schrieb der Kronprinz im Frühjahr 1918, als in Berlin über die letzte große Kriegsoffensive eitel Siegeszuversicht herrschte: »Nun haben wir den Krieg verloren.«

Am 25. Juli 1918 – immer noch war Krieg – schrieb der Kronprinz verzweifelt dem Vater und König: »In der heimischen Presse der letzten Tage werden die Kämpfe bei Reims und Soissons als große deutsche Erfolge im Angriff und in der Abwehr geschildert, und außerdem wird angedeutet, dass die Kämpfe nur ein Vorspiel seien und dass der Hauptschlag noch bevorstehe. Ich finde diese Täuschung der öffentlichen Meinung unverantwortlich … Wir müssen eine Beendigung des Krieges durch Verhandlungen mit allem Nachdruck erstreben und uns darüber klar sein, dass ein Frieden nur unter Opfern zu erreichen ist.« Für General Erich Ludendorffs Erklärung, es sei günstiger für Deutschland, wenn der Krieg länger dauere, weil der Gegner dann große Schwierigkeiten bei der Munitionsbeschaffung bekäme, hatte der bayerische Heerführer, dessen militärische Kompetenz auch beim Feind geachtet war, nur bitteren Spott übrig: »Haben sich unsere Gegner etwa schon veranlasst gesehen, wie wir Kirchenglocken, Orgelpfeifen und Küchengeräte einzuschmelzen?« Auch ein in den letzten Kriegswochen erfolgter Vorstoß Rupprechts bei seinem Vater, dieser solle gemeinsam mit den anderen deutschen Fürsten Kaiser Wilhelm II. zum Rücktritt bewegen, blieb ohne Erfolg. König Ludwig III., erst mit 67 Jahren kurz vor Kriegsausbruch an die Regierung gekommen, war zu alt und zu müde zu einer solchen Tat, wohl auch zu sehr in den Bahnen des Respekts dem Kaiser gegenüber festgefahren.

Benno Hubensteiner, der durch seine *Bayerische Geschichte* unvergessen gewordene Historiker, wagt sich in einen realistischen historischen Konjunktiv, wenn er schreibt: »Vielleicht hätte noch im Sommer 1918 ein entschlossenes Handeln Ludwigs des Dritten den völligen Zusammenbruch verhindern können, aber man war es längst gewöhnt, nur Befehle auszuführen, und fand nicht den Mut, über den Schatten der Bismarck'schen Reichsverfassung hinwegzuspringen. Das bayerische Königtum zehrte sich auf im Dienste am Reich.« Man hatte in Bayern nicht mehr die Kraft, war aus der Übung geraten, selbständig zu handeln, gar in der Außenpolitik, die im Krieg zudem vorrangig zu einer Militärpolitik geworden war.

Kronprinz Rupprecht war nicht das einzige Mitglied der königlichen Familie, das dem Krieg und der Hoffnung auf einen Sieg mit tiefer Skepsis gegenüberstand. Prinzessin Therese von Bayern, Schwester von König Ludwig III. und Tante von Kronprinz Rupprecht, von ihrer Biografin Hadumod Bußmann als »eine der bemerkenswertesten Frauen der Moderne« gefeiert, für ihre Leistungen als Naturforscherin, Weltreisende und Autorin mit hohen akademischen Auszeichnungen bedacht, wandte sich mutig gegen jede Kriegseuphorie, was ihr manchen Vorwurf und manche persönliche Anfeindung eintrug. Sie schrieb: »Während sich schließlich bei uns alles in einem durch die Presse geschürten Kriegstaumel erging, habe ich in Erwartung all des der Menschheit bevorstehenden Elends unbeschreibliche seelische Qualen ausgestanden. Die offiziellen Lügen verfingen nicht ...« Die bittere Analyse der Prinzessin: »So ging es nun über vier Jahre weiter. Lügen und immer Lügen, die ich als solche erkannte und die mich empörten, Verheimlichungen und Vertuschungen, welche sich mit der Zeit nicht aufrechterhalten ließen und schließlich im Volk das notwendige Vertrauen zerstörten, die Anwendung barbarischer Mittel, die mir das Herz im Leibe umdrehten, und zu all diesem eine Selbstgefälligkeit und Heuchelei, die meinem wahrheitsdurstenden Charakter das Allerzuwiderste waren. Wir brandmarkten an den Feinden, was wir genauso taten, aber wir gestanden Letzteres nicht ein, oder wenn wir es nicht leugnen konnten, so fanden wir bei uns erlaubt, was wir bei den Gegnern zu Verbrechen stempelten, mit welcher Logik, war mir unverständlich.« Therese von Bayern lebte während des Krieges meistens in Lindau. Aber: »Wenn ich in den letzten Kriegsjahren nach München kam, hieß es immer vertraulich: ›Wir können nicht mehr. Im Herbst muss Frieden geschlossen werden.‹ Der Herbst kam, und der Friede wurde nicht geschlossen. Im Herbst hieß es dann: ›Länger als bis zum Frühjahr können wir nicht durchhalten.‹ Und das Frühjahr kam, und mit ihm kein Ende. So ging es fort, bis alles vernichtet war und das Dach lichterloh über uns brannte und unser Heim zusammenstürzte.«

Obwohl er immer an der Front war, hatte Kronprinz Rupprecht stets einen scharfen Blick für die Verhältnisse in der bayerischen Heimat. In einem Memorandum an den Bayerischen Ministerpräsidenten Otto von Dandl schrieb er: »In rücksichtsloser Weise die Kriegsnot ausnutzend, haben die Berliner Geschäftsleute es verstanden, durch die Schaffung all der verschiedenen, in Berlin errichteten Zentralstellen das ganze Wirtschaftsleben unter ihre Kontrolle und Gewalt zu bringen, und die Folge wird sein, dass nach dem Kriege der schon jetzt in kümmerlicher Not befindliche Mittelstand verschwinden wird. Gerade für Bayern, wo der Mittelstand noch ziemlich zahlreich ist, wird die Sache katastrophal; die Angehörigen dieses Standes, die früher in ihrer Mehrheit gut monarchisch gesinnt waren, sind jetzt zum Teil antimonarchischer als die Sozialdemokraten, da sie der Regierung die Schuld an ihrem Unglück beimessen. Man wirft der Regierung vor, dass sie sich von Berlin alles gefallen ließe, und die Meinung gewinnt immer mehr

Anhänger, dass, nachdem doch alles aus Berlin geleitet werde, unsere Regierung nichts weiter sei als ein überflüssiger und kostspieliger Ballast.« Mit dieser Analyse griff Rupprecht die feindselige Stimmung auf, die sich in der Bevölkerung gegen den König wegen dessen unwandelbarer Treue zum Reich entwickelt hatte und die im November 1918 zur Revolution und zum Umsturz in Bayern und zur Machtergreifung der Räterepublik unter Kurt Eisner führte. Als in München schon der Sturm der Revolution aufgekommen war, hatte Rupprecht seinem Vater im Herbst 1918 von der Front geklagt: »Ach, wenn ich nur zu Hause sein könnte!«

»Armes Bayern, das so zu büßen hat für Preußens Fehler!«, hatte Rupprecht in einem Brief an den Vater geschrieben. Von Österreich aus, wohin er geflohen war und wo er in Schloss Anif bei Salzburg Unterkunft gefunden hatte, gab Ludwig III. eine Erklärung ab, die er selbst nicht als Thronverzicht verstand, die aber von Eisner mit der Überschrift »Thronverzicht Ludwigs III.« versehen wurde: »Zeit meines Lebens habe ich mit dem Volk und für das Volk gearbeitet. Die Sorge für das Wohl meines geliebten Bayern war stets mein höchstes Streben. Nachdem ich infolge der Ereignisse der letzten Tage nicht mehr in der Lage bin, die Regierung weiterzuführen, stelle ich allen Beamten, Offizieren und Soldaten die Weiterarbeit unter den gegebenen Verhältnissen frei und entbinde sie des mir geleisteten Treueides. Anif, den 13. November 1918. Ludwig.«

Schon drei Tage zuvor, am 10. November – am 9. November unterzeichnete die deutsche Delegation mit Genehmigung von Friedrich Ebert, dem Vorsitzenden des Rats der Volksbeauftragten, in Compiègne den Waffenstillstand –, hatte Kronprinz Rupprecht in seinem Brüsseler Hauptquartier sein Oberkommando als Generalfeldmarschall niedergelegt. In einer Erklärung markierte er seine Position und seine Einschätzung der Lage in Bayern: »Seine Majestät der König von Bayern ist an der freien Erklärung seines Willens behindert. In meiner Eigenschaft als Kronprinz lege ich Verwahrung ein gegen die politische Umwälzung, die ohne Mitwirkung der gesetzgeberischen Gewalten und der Gesamtheit der bayerischen Staatsbürger in Heer und Heimat von einer Minderheit ins Werk gesetzt wurde. Das bayerische Volk und das seit Hunderten von Jahren mit ihm verbundene Fürstenhaus haben das Recht, zu verlangen, dass über die Staatsform eine verfassunggebende Nationalversammlung entscheiden wird, die aus freien und allgemeinen Wahlen hervorgeht. Dass den heimkehrenden Soldaten die Möglichkeit eröffnet wird, ihre Stimme abzugeben, ist eine selbstverständliche Forderung. Die bayerischen Soldaten werden dann im Einvernehmen mit den bayerischen Staatsbürgern in der Heimat zu entscheiden haben, wie sie sich zur Frage weiterer Zusammenarbeit mit dem Fürstenhaus stellen wollen.«

Diese Frage wurde den Menschen in Bayern nie gestellt. Die siebenhundertjährige Herrschaft der Wittelsbacher war an ihr Ende gekommen. Wie das ganze bayerische Volk hatten auch der König und seine Familie den bitteren Preis für die weitgehende Auslieferung der bayerischen Souveränität an Kaiser und Reich gezahlt. Aber auch das Deutsche Reich war am Ende, das Kaisertum der Hohenzollern zusammengebrochen.

Alles in allem: Die maßlose Überschätzung des neuen Deutschen Reiches unter preußischer Hegemonie, der die nationalen Jubler von 1870/71 sich so willig hingegeben hatten, scheiterte vor der Geschichte. Als realistisch und voll bitterer Treffsicherheit aber erwies sich das Urteil all jener Vertreter des bayerischen Volkes, die mit dem Schritt in das neue Deutsche Reich untrennbar eine düstere bayerische und auch deutsche Zukunft verbunden sahen.

Verständlich war es deshalb, dass in den Turbulenzen von Revolution und Räterepublik, von Nachkriegsnot und Straßenkämpfen der bayerische Staatsgedanke bei den Parteien, auch bei der bayerischen Sozialdemokratie, wieder eine gewichtige Rolle spielte, denn, so Benno Hubensteiner, »gerade mit dem Zusammenbruch des Reiches war der eigene Staatswille wieder machtvoll aufgelebt«. Es blieb bei diesem Aufflackern, die neue deutsche Republik formierte sich als Einheitsstaat und gab sich in der Verfassung von Weimar den Rahmen dafür. Auch die bayerische Verfassung vom 14. August 1919, nach ihrem Entstehungsort »Bamberger Verfassung« genannt – in diese Stadt waren Ende 1919 Landtag und Regierung vor den Unruhen der Revolution in München geflohen –, bewegte sich auf der Linie der Weimarer Reichsverfassung hin zum Einheitsstaat. Die Zuständigkeiten der Landesgesetzgebung wurden beschnitten, in eigenverantwortlicher bayerischer Entscheidung blieb im Wesentlichen nur der kulturelle Bereich.

Von Anfang an sah das vom Königreich zum Freistaat gewordene Bayern vielfachen Anlass zu Protest und Widerstand, weil die Interessen der Einzelstaaten zurückgedrängt würden. Die Weimarer Republik nahm ihren bekannten Gang, schleppte sich von Krise zu Krise, zehn Regierungen gab es während der Weimarer Zeit in Berlin. Die Republik von Weimar erreichte nie auf Dauer die Stabilität und das Vertrauen der Bürger, die als Fundament für ihren demokratischen Bestand notwendig gewesen wären.

In Bayern bildete sich eine monarchistische Bewegung, die, so Hubensteiner, in dem zähen Glauben eines alten Bauernlandes wurzelte, »dass die Krone genüge, um alles wieder recht zu machen«. Die Hoffnungen richteten sich auf Kronprinz Rupprecht, der nach dem Tod König Ludwigs III. im November 1921 mit noblem Selbstbewusstsein erklärt hatte, dass er »eingetreten sei in die Rechte seines Vaters«. Große Erwartungen wurden in Bayern mit diesem Wort verbunden, kam es doch zudem von einem Exponenten des Hauses Wittelsbach, dem vornehme Zurückhaltung ebenso eignete wie glaubhafte Volksnähe, tiefe kulturelle Bildung ebenso wie politisches Verständnis. Dem Bayerischen Heimat- und Königsbund war Rupprecht »der rechtmäßige König«. Rupprecht, der jede Staatsstreichüberlegung ablehnte, wollte die Krone nur auf dem Wege einer Verfassungsänderung annehmen. So blieben politische Gedankenspiele, die es um und mit Rupprecht gab, Theorie. Nach dem 30. Januar 1933, »in zwölfter Stunde«, wie Benno Hubensteiner schreibt, wollte Fritz Schäffer, Vorsitzender der Bayerischen Volkspartei und später einmal, von 1949 bis 1957, erster Finanzminister der Bundesrepublik Deutschland, der Macht des Nationalsozialismus in Bayern die Monarchie entgegensetzen. Kronprinz Rupprecht sollte zum neuen Generalstaatskommissar ernannt werden, mitgetragen von den Sozialdemokraten, denen »ein König Rupprecht immer noch lieber war als ein Kanzler Hitler«. Auch dieser Plan zerstob vor der Wirklichkeit; Wunschdenken verlor sich in Zögern und Zaudern.

Der nationalsozialistischen Machtübernahme im Reich folgt die Beseitigung der demokratischen Ordnung in Bayern. »Die Reichspolitik geht«, schrieb der Historiker Ernst Deuerlein, »wie ein Sturzbach auch über die bayerische Landespolitik hinweg.« Auf dem fünften Nürnberger Reichsparteitag der NSDAP 1933 kündigt Adolf Hitler die Liquidation der Länder an, im »Gesetz über den Neuaufbau des Reichs« wird diese Absicht verwirklicht. Jubelnd heißt es in der Präambel dieser Länderbeseitigung, »dass das deutsche Volk über alle innenpolitischen Grenzen und Gegensätze hinweg zu einer unlöslichen Einheit verschmolzen ist«. Hitler rühmt die Abschaffung der Länder – und damit Bayerns, des ältesten unter ihnen – als »die historische Aufgabe unserer Zeit, die Schaffung des kraftvollen nationalen Einheitsstaates anstelle des bisherigen Bundesstaates«. Ein zweites Gesetz zur Gleichschaltung der Länder vom 7. April 1933 geht diktatorisch über die Reichs- und Länderverfassungen hinweg und beseitigt praktisch jegliche Staatshoheit der Länder. Karl Schwend: »Damit hatte auch Bayern aufgehört, ein Staat zu sein. Die bisherigen Bundesstaaten waren zu Provinzen des Reiches geworden. Die nationalsozialistische Propaganda pries den Begräbnistag des deutschen Föderalismus als eine geschichtliche Tat und als einen schöpferischen staatspolitischen Wurf zu einem wirklichen deutschen Volksreiche, zum ersten deutschen Nationalstaat.«

Am ersten Jahrestag der nationalsozialistischen Machtergreifung, am 30. Januar 1934, wurden in einem »Gesetz über den Neuaufbau des Reichs« die deutschen Länder endgültig ausradiert. Lapidar hieß es im Artikel 1: »Die Volksvertretungen der Länder werden aufgehoben.« Der Artikel 2 verkündete: »Die Hoheitsrechte der Länder gehen auf das Reich über. Die Landesregierungen unterstehen der Reichsregierung.« Für Länder im bisherigen Sinne und für Landesgrenzen sei im neuen Deutschland kein Platz mehr, die Hoheitsrechte der Länder seien auf das Reich übergegangen, jubelte Reichsinnenminister Wilhelm Frick. Seinem Triumph über diese Entwicklung verlieh Frick in einer Ansprache über die deutschen Rundfunksender maßlosen Ausdruck: »Wenn die Weimarer Verfassung die Rechte der Bundesstaaten der Bismarck'schen Verfassung ganz erheblich beschnitt, so blieb doch immerhin dieses Gebilde trotz Beseitigung der Dynastien der Länder mit einer gewissen selbständigen Staatsgewalt bestehen. Von heute an gibt es keine selbständige Landeshoheit mehr. Träger der gesamten Staatsgewalt ist ausschließlich das Reich. Der Einheit des nationalen Willens entspricht die Einheit der Staatsführung. Für alle Zeiten ist damit irgendwelchen separatistischen und föderalistischen Bestrebungen ein verfassungsmäßiger Riegel vorgeschoben. Deutschland ist aus einem Bundesstaat zum Einheitsstaat geworden.«

Das »Tausendjährige Reich«, das furchtbare zwölf Jahre existieren sollte, war angebrochen. Es kamen Gewaltherrschaft und Unrechtsstaat, es kamen Judenverfolgung und Holocaust, es kam ein grauenhafter Krieg mit vielen Millionen Opfern. Es kam auch, wie es kommen musste, die Kapitulation. Am 8. Mai 1945 unterzeichnet, besiegelte sie das Ende des größenwahnsinnigen Großdeutschen Reiches. Franz Heubl, in vielen Ämtern, auch in dem des Landtagspräsidenten, erfahrener bayerischer Politiker der Nachkriegszeit, zog ein Fazit der deutschen Katastrophe: »Die Geschichte hat den Befürwortern einer starken Zentralgewalt eine schmerzliche, aber notwendige Lehre erteilt. Der Abbau des Föderalismus führte zum Ende der Freiheit. Die Verfassung von Weimar hielt dem Machtdruck nicht stand. Die Nationalsozialisten konnten mit einem Federstrich die Gewaltenteilung beseitigen, die Länder auflösen, Parteien zerschlagen und den Staat in das Korsett des Materialismus, des Atheismus und der Inhumanität zwingen.«

IV Auferstehung der Demokratie
Die Bayerische Verfassung vom 1. Dezember 1946

Dramatischer, wuchtiger und feierlicher hätte die katastrophale äußere und innere Ausgangslage nicht beschrieben werden können, als dies nach nationalsozialistischer Diktatur und nach dem Zweiten Weltkrieg in der Präambel der neuen Bayerischen Verfassung geschah:

»Angesichts des Trümmerfeldes, zu dem eine Staats- und Gesellschaftsordnung ohne Gott, ohne Gewissen und ohne Achtung vor der Würde des Menschen die Überlebenden des Zweiten Weltkriegs geführt hat, in dem festen Entschlusse, den kommenden deutschen Geschlechtern die Segnungen des Friedens, der Menschlichkeit und des Rechts dauernd zu sichern, gibt sich das bayerische Volk, eingedenk seiner mehr als tausendjährigen Geschichte, nachstehende demokratische Verfassung.«

Unmittelbar nach Kriegsende und auch schon davor hatte das politische Leben in Bayern angefangen, sich wieder zu regen. Die Heimat lag noch in Schutt und Asche, das Land blutete aus allen Wunden des Krieges. Dennoch begannen sich die Parteien zu formieren. Zunächst taten sie dies ohne gesicherte verfassungsrechtliche Grundlage. Die Verfassung von Weimar war von

Hitler zerstört, die von der Diktatur eingesetzte Pseudo-Verfassung im Bombenhagel vernichtet worden. Tastend und gestützt von den Siegermächten, die in ihren Besatzungszonen die Befehlsgewalt hatten, begann in den westlichen Ländern die Arbeit an neuen politischen Fundamenten. Weichenstellend war die Proklamation Nr. 2 des Oberbefehlshabers und Militärgouverneurs der Vereinigten Staaten von Amerika in Deutschland, General Dwight D. Eisenhower, des späteren Präsidenten der USA. Das Dokument errichtete drei Verwaltungsgebiete, die als Staaten bezeichnet wurden: Großhessen, Württemberg-Baden und Bayern. Bayern umfasste den geografischen Bestand, den es 1933 hatte, ausschließlich des Regierungsbezirkes Pfalz und des Stadt- und Landkreises Lindau – die Pfalz konnte, trotz aller geschichtlichen Bindungen und trotz des bis heute lebendigen Spruchs »Bayern und Pfalz, Gott erhalt's« nicht bei Bayern gehalten werden. Lindau, obwohl zur französischen, nicht zur amerikanischen Besatzungszone gehörend, blieb bei Bayern.

Was getan werden konnte und was zu lassen war, bestimmte das »Office of Military Government for Bavaria«. Dieses OMGBY, kurz Militärregierung genannt, kümmerte sich um die Zulassung demokratischer Parteien, gestattete die Durchführung von Kommunalwahlen am 27. Januar 1946, den ersten freien Wahlen seit mehr als einem Dutzend Jahren. Dann begann die Arbeit an einer neuen Verfassung des Freistaats Bayern. Am 30. Juni 1946 wurde eine »Verfassunggebende Landesversammlung« gewählt, in welche die CSU 109, die SPD 51, die KPD 8, die Wirtschaftliche Aufbau-Vereinigung (WAV) 8 und die FDP 4 Vertreter entsandten.

Schon am 28. Mai 1945, gerade einmal drei Wochen nach der Kapitulation des Deutschen Reiches, hatte die Militärregierung den Staatsrat a.D. Fritz Schäffer, den ehemaligen Vorsitzenden der Bayerischen Volkspartei und Leiter des bayerischen Finanzministeriums, zum Ministerpräsidenten ernannt. Meinungsverschiedenheiten mit der Besatzungsmacht führten zu seiner Amtsenthebung, an seine Stelle trat der aus dem schweizerischen Exil zurückgekehrte Sozialdemokrat Wilhelm Hoegner. Dieser übernahm den Vorsitz in einem Ausschuss, der einen Verfassungsentwurf zu erarbeiten hatte und in dem auch Hans Ehard (CSU) profiliertes Mitglied war. Der Verfassungsrechtler Hans Nawiasky, vor 1933 Professor an der Ludwig-Maximilians-Universität in München, leistete wichtige sachverständige Mitarbeit. Am 26. Oktober 1946 billigte die Vollversammlung der Verfassunggebenden Landesversammlung, die in der ungeheizten Aula der vom Krieg zerstörten Münchner Universität tagte, mit 134 Stimmen der CSU und der SPD gegen 18 Stimmen von KPD, WAV und FDP die neue Verfassung des Freistaats Bayern. Nicht nur Politiker und Juristen bestimmten, in welchem politischen und gesellschaftlichen Rahmen die Bayern in ihrer nach Diktatur und Krieg wiedererlangten Freiheit leben sollen: Das bayerische Volk selbst entschied über sein demokratisches Fundament. Am 1. Dezember 1946 fand ein Volksentscheid über die neue Verfassung statt. Sie wurde mit 71 Prozent angenommen. 2090440 bayerische Bürger stimmten dafür, 870135 waren dagegen.

Im Artikel 178, der Schluss- und Übergangsbestimmung der Bayerischen Verfassung, heißt es: »Bayern wird einem künftigen deutschen demokratischen Bundesstaat beitreten. Er soll auf einem freiwilligen Zusammenschluss der deutschen Einzelstaaten beruhen, deren staatsrechtliches Eigenleben zu sichern ist.« Die Erinnerung an diesen Satz ist wichtig: Ehe der Bund war, waren die Länder. Und ehe es, drei Jahre später, 1949, das Grundgesetz der Bundesrepublik Deutschland gab, gab es die Länder. Die Bayerische Verfassung hat somit das Erstgeburtsrecht gegenüber dem Grundgesetz. Wobei es für eine höhere demokratische Qualität der Bayerischen Verfassung spricht, dass diese in einer Abstimmung vom ganzen Volk angenommen wurde, während die anderen Länderverfassungen nur von den Landtagen verabschiedet wurden und sich das Grundgesetz mit der Billigung durch den verfassunggebenden Parlamentarischen Rat zu begnügen hatte. Von dem im letzten, im Artikel 146 des Grundgesetzes dem Volk in Aussicht gestellten Recht einer Volksabstimmung konnte das Volk bisher noch nie Gebrauch machen: »Dieses Grundgesetz, das nach Vollendung der Einheit und Freiheit Deutschlands für das gesamte deutsche Volk gilt, verliert seine Gültigkeit an dem Tage, an dem eine Verfassung in Kraft tritt, die von dem deutschen Volk in freier Entscheidung beschlossen worden ist.«

Zudem sollte, so die bayerische Festlegung, der künftige demokratische deutsche Bundesstaat aus einem freiwilligen Zusammenschluss der einzelnen Länder hervorgehen, deren »Eigenleben« zu sichern wäre – eine klare Absage an einen zentralistischen Einheitsstaat. Die Sicherung des staatlichen Eigenlebens Bayerns bestimmte auch den Kampf um das Grundgesetz der Bundesrepublik Deutschland. In den Parlamentarischen Rat, der am 1. September 1948 in Bonn zusammentrat und zu dessen Vorsitzendem Konrad Adenauer gewählt wurde, waren 65 Abgeordnete aus den Ländern der westlichen Besatzungszonen entsandt worden. Von ihnen kamen 13 aus Bayern. Ziel der Bayerischen Staatsregierung – Ministerpräsident war Hans Ehard – in den Beratungen des Parlamentarischen Rats war ein Bundesstaat, dessen Zentralgewalt nur über die Rechte und Zuständigkeiten verfügen sollte, die für die Wahrnehmung der Gesamtinteressen unerlässlich waren. Bayern wollte einen starken Bundesrat, die uneingeschränkte Finanzhoheit der Länder war ein weiteres Ziel. Gegen die bayerischen Vorstellungen gab es heftige Widerstände, Zentralismus stand gegen Föderalismus. Ehard wandte sich an Adenauer um Hilfe, sich »in den bevorstehenden Tagen der Entscheidung dafür einzusetzen, dass der Grund für das neue deutsche Haus so gelegt wird, dass auch Bayern willigen Herzens mit darin einziehen kann«. Die Aufteilung der finanziellen Zuständigkeiten zwischen Bund und Ländern war für Ehard das Kriterium einer föderalistischen Verfassung schlechthin: »Eine Verfassung, in der sich die Länder in vollständiger finanzieller Abhängigkeit vom Bund befinden, ist keine föderalistische Verfassung.« Bayern setzte sich mit seinen Vorstellungen, zumindest teilweise, durch: Die Einrichtung des Bundesrats mit seinen Mitspracherechten wurde akzeptiert, bei der Finanzhoheit kam es zu einem Kompromiss, die Einnahmen sollten zwischen Bund und Ländern aufgeteilt werden.

Die Zugeständnisse gingen Bayern nicht weit genug. Im Mai 1946 erläuterte Ministerpräsident Hans Ehard in einer Rundfunkansprache mit Blick auf das Schicksal der Weimarer Republik und die Erfahrungen mit deren Verfassung, warum die Bayerische Staatsregierung nicht in der Lage sei, einem Grundgesetz zuzustimmen, in dem zentralistische Tendenzen gegenüber föderalistischen Forderungen die Oberhand hätten: »Weil wir hier eine Gefahr für die Zukunft Deutschlands sehen, müssen wir uns die Hand frei und sauber halten, damit wir in Zukunft diesen Gefahren begegnen können. Gerade wenn in Bonn das Pendel mehr nach der zentralistischen Seite zum Ausschlag kommt, ist es notwendig, dass Bayern seine Position als föderalistischer Gegenspieler im kommenden Bundestag und Bundesrat intakt hält.« Während alle anderen Landesparlamente in den westlichen Besatzungszonen Ja sagten, lehnte der Bayerische Landtag am 20. Mai 1949 mit 101 gegen 64 Stimmen nach heftigen und tumultartigen Auseinandersetzungen das Grundgesetz für die Bundesrepublik Deutschland ab.

Bayern hatte in stürmischer Zeit Standfestigkeit bewiesen, sich durch die Zahl und Macht seiner Gegner in seinen Überzeugungen nicht irremachen lassen. Wenige Tage nach der Abstimmung im Landtag begründete Ehard noch einmal die bayerische Position zum Grundgesetz: »Es galt in Bonn herauszuschlagen, was herauszuschlagen war! Wir haben bis zum letzten Tag gekämpft, manches ist dabei erreicht worden. Gemessen an den verschiedenen Kräften und gemessen an der Stärke der widerstrebenden Kräfte, ist sogar ziemlich viel erreicht worden. Die Schlacht wäre für den Föderalismus verloren gewesen, wenn wir nicht gewesen wären. Da uns aber das Erreichte nicht genügte, sagten wir am Schluss Nein zum Ganzen. Das war unser demokratisches Recht.« Dass sich Hans Ehard, sonst ein Mann der Zurückhaltung und der besonnenen Formulierung, zu solch kraftvollen Worten verstieg, zeigt, wie ernst ihm die Sache war, um die es ging. Bayern stellte sich gegen die Sturmfluten des Zeitgeistes. Der Freistaat konnte dies umso eher tun, als seine Vertreter nicht weniger deutsch dachten als die Verfechter eines möglichst zentralistisch ausgerichteten Grundgesetzes für die neue Bundesrepublik Deutschland.

Das Grundgesetz und die Verfassung des Freistaats Bayern stimmen in einer ganz wesentlichen Festlegung schon in ihren Präambeln überein – beide berufen sich auf Gott und ziehen die Lehren aus einer furchtbaren Periode der deutschen Geschichte. So stellte die Bayerische Verfassung, wie es Wilhelm Hoegner beschrieb, »dem sittlichen Nihilismus der nationalsozialistischen Staatsführung ein Bekenntnis zu den Werten des christlichen Abendlandes gegenüber«. Die Bayerische Verfassung beließ es nicht bei der Anrufung Gottes in der Präambel. Im Artikel 131, in dem es um die Bildung und Erziehung der jungen Generation geht, heißt es ausdrücklich: »Oberste Bildungsziele sind Ehrfurcht vor Gott, Achtung vor religiöser Überzeugung und vor der Würde des Menschen.« In München wie in Bonn waren sich die Verfassungsgeber einig, dass es ohne Gott nicht geht, dass der freiheitliche, säkularisierte Staat, so der ehemalige Bundesverfassungsrichter Ernst-Wolfgang Böckenförde im Jahr 1964, von Voraussetzungen lebt, die er selbst nicht gewähren kann. Der angesehene Jurist und Sozialdemokrat präzisierte diese zu einem ehernen Diktum gewordene Äußerung Jahre später noch einmal: »Vom Staat her gedacht, braucht die freiheitliche Ordnung ein verbindendes Ethos, eine Art ›Gemeinsinn‹ bei denen, die in diesem Staat leben. Die Frage ist dann: Woraus speist sich dieses Ethos, das vom Staat weder erzwungen noch hoheitlich durchgesetzt werden kann? Man kann sagen: zunächst von der gelebten Kultur. Aber was sind die Faktoren und Elemente dieser Kultur? Da sind wir in der Tat bei Quellen wie Christentum, Aufklärung und Humanismus.«

Die Bayerische Verfassung setzte entscheidende Markierungen für die gesamte Verfassungsentwicklung in der Geschichte der entstehenden Bundesrepublik Deutschland und ihrer Länder. Sie formte ein Gegenprogramm zur gescheiterten Verfassung der Weimarer Demokratie. Grundrechte wurden gewährleistet, der Satz von der Achtung der Menschenwürde wurde zum deutschen Verfassungsrecht. Für die Bayerische Verfassung ist der Staat selbst ein Wert, nicht nur Gewährleister der Rechte Einzelner. Der Staat hat dem Gemeinwohl zu dienen, er gewährt nicht nur Grundrechte, wie das Grundgesetz der Bundesrepublik Deutschland, er verlangt auch Grundpflichten von seinen Bürgern. Im Artikel 117 sind diese festgelegt: »Der ungestörte Genuss der Freiheit für jedermann hängt davon ab, dass alle ihre Treuepflicht gegenüber Volk und Verfassung, Staat und Gesetzen erfüllen. Alle haben die Verfassung und die Gesetze zu achten und zu befolgen, an den öffentlichen Angelegenheiten Anteil zu nehmen und ihre körperlichen und geistigen Kräfte so zu betätigen, wie es das Wohl der Gesamtheit erfordert.« Hier wird mit großer Klarheit eine Bringschuld aller Staatsbürger festgeschrieben, die mehr ist als ein Appell zur Mitwirkung am staatlichen und gesellschaftlichen Leben. Hier wird auch der Weg der Mitverantwortung und des Mittuns gewiesen, den alle zu gehen haben, die von jenseits der bayerischen Grenzen kommen und im Freistaat Arbeit, Existenz und Heimat suchen und finden. Es kommt wohl auch von dieser klaren Orientierungslinie her, dass in Bayern, trotz eines hohen Ausländeranteils in vielen Städten, die Herausforderung der Integration weit besser bestanden wird als in anderen Ländern.

Kein anderes Bundesland ist so sehr ein Staat wie Bayern. Selbstbewusst heißt es im Artikel 2 der Verfassung: »Bayern ist ein Volksstaat.« Auch deshalb kann das bayerische Volk in seinem Freistaat, in seiner Republik stärker mitreden, als dies in anderen Ländern möglich ist. Auch deshalb steht über dem bayerischen Wappen die Volkskrone. In Volksbegehren und Volksentscheid gibt es die unmittelbarste Form der politischen Mitsprache. Die Verfassung kann nicht, wie anderswo, vom Parlament geändert werden, ein solcher Eingriff bedarf der Entscheidung des Volkes.

Die Bayerische Verfassung wurde als Konstitution eines »Vollstaats« geschrieben und nicht eines Teilstaats, der sowieso in einem größeren Ganzen aufzugehen habe. Zwar ist Bayern durch die Gründung der Bundesrepublik zu einem »teilsouveränen« Staat geworden, aber es ist weit mehr als eine Bundesprovinz, obwohl es – mittlerweile nicht nur aus Berlin, sondern auch aus Brüssel – immer wieder so behandelt wird.

Bittere geschichtliche Erfahrungen und Einsichten führten dazu, dass die Verfassung des neuen und demokratischen Bayerns nicht nur aus Rechtsregeln besteht, sondern auch politische Programmsätze für die Zukunft aufstellt. Es handelt sich nicht um einen Katalog bürokratischer Vorschriften. Wesentlich ist, dass sie nach der nationalsozialistischen Umwertung und Entwertung aller Werte auf das feste Fundament der europäischen Wertordnung gegründet ist, für welche die Freiheit und die Würde des Individuums höchstes ethisches Prinzip ist.

Die Väter der Bayerischen Verfassung von 1946 hatten aus den Fehlern der Vergangenheit gelernt. Ihnen war es daher besonders wichtig, dass die Spitze der vollziehenden Gewalt stark sein müsse. Sie dürfe nicht wie in der Weimarer Republik bei jedem politischen Wetterumschwung in Gefahr geraten. Das Amt des Bayerischen Ministerpräsidenten ist nach der Verfassung ausdrücklich ein politisches: Der Landtag wählt ihn, er ernennt und entlässt die Staatsminister und Staatssekretäre. Dabei ist die Stellung des Regierungschefs noch dadurch besonders hervorgehoben, dass die Verfassung ihm auch die Aufgaben zuweist, die ursprünglich einem Staatspräsidenten zugedacht waren, beispielsweise die Vertretung Bayerns nach außen oder das Gnadenrecht. Die Stellung des Bayerischen Ministerpräsidenten ist stark und machtvoll. Wer sie auszufüllen hat, darf die Macht nicht scheuen. Franz Josef Strauß formulierte aus seinen Erfahrungen heraus: »Er hat zu führen, nicht zu verwalten.«

Ohne Frage – in den mehr als 65 Jahren ihres Bestehens hat die Bayerische Verfassung durch die politische Realität an Kraft und Wirksamkeit verloren. Jeder Zentralregierung, ob sie in Bonn oder in Berlin ihren Sitz hat, wohnt der Drang nach mehr Macht, nach Kompetenzausweitung inne. Über Jahrzehnte hinweg hat der Bund von seinen Möglichkeiten und Zuständigkeiten der konkurrierenden und der Rahmengesetzgebung umfassend Gebrauch gemacht, so dass die Länder insoweit kaum mehr echte gesetzgeberische Entscheidungen treffen können. Besonders der Bayerische Landtag ist von dieser Entwicklung betroffen. Von der Verfassung als Gesetzgeber eines Vollstaats konzipiert, muss er sich mit allen Kräften und über alle Parteigrenzen hinweg dagegen wehren, in die Nebenrolle eines Provinzparlaments gedrängt zu werden.

Anschläge auf die bayerische Staatlichkeit erfolgen längst nicht mehr nur von der deutschen Zentralgewalt. Noch größere Gefahr droht aus Brüssel, wo die Kommission der Europäischen Union nicht müde wird, immer neue Zuständigkeiten zu erfinden und an sich zu ziehen. Schon 1966 hieß es in einer Festschrift für den damaligen Präsidenten der Europäischen Gemeinschaft, Walter Hallstein, dass die Verträge zur Gründung der Europäischen Gemeinschaften mit »Landesblindheit« geschlagen seien. Was schon neun Jahre nach Unterzeichnung der Römischen Verträge eine Krankheit war, hat sich zu einer Seuche ausgewachsen. Je weiter die europäische Integration fortschreitet, umso durchschlagender wirkt sich, wenn auch auf dem Umweg über die Bundesrepublik Deutschland, der Kompetenzverlust der Länder aus.

All jenen Kräften, Ländern und Staaten, denen eine solche Entwicklung nicht gleichgültig ist, sind zu unerbittlicher Gegenwehr aufgerufen. Für einen unvergleichlichen Staat wie Bayern gilt dies allemal. Aus gutem Grund trug ein im Jahr 2006 zum 60-jährigen Bestehen der Bayerischen Verfassung vom »Haus der Bayerischen Geschichte« herausgegebenes Heft den Titel *Bollwerk der Freiheit*. Dieses Wort sollte nicht Beschreibung, sondern Aufruf sein, seinen Inhalt in die Wirklichkeit umzusetzen. Wobei es die bayerische Freiheit gegen Angriffe von vielerlei Seiten zu verteidigen gilt. Auf deutscher Ebene ist Dauerabwehr gegen antiföderalistische Übergriffe des Bundes gefordert, im europäischen Bereich geht es um den entschlossenen Kampf gegen den anhaltenden Verstoß gegen das Subsidiaritätsprinzip und eine damit verbundene Kompetenzanmaßung. Kämpferische Wachsamkeit ist aber auch gegen die freiheitszerstörenden Tendenzen der Globalisierung dringend geboten. Deutsche, europäische und globale Gleichmacherei sind auf Dauer auch von einem starken Bayern nicht auszuhalten.

V Bayern und seine Menschen
Die Gewissheit des Seins

Bayern ist kein Land wie jedes andere. Es spielt im Reigen der sechzehn deutschen Länder eine Sonderrolle. Die Gründe dafür sind vielfältig. Zu nennen sind die starken geschichtlichen Wurzeln, die landsmannschaftliche Prägung, das Selbstbewusstsein und der Eigensinn der Menschen, der Reichtum und die Vielfalt landschaftlicher Schönheit, vor allem auch die soziale, gesellschaftliche und politische Stabilität sowie die Stärke aus einer beispielhaften wirtschaftlichen Leistungskraft. Die Menschen in Bayern wissen, dass ihr Land, dass ihre Heimat einen Mehrwert der besonderen Art in sich trägt.

Bayern hat eine ungewöhnliche Staatsidentität. Sie hängt wesentlich damit zusammen, dass der Freistaat nach 1945 auf festem Grund wiedererstand, als er sich aus dem geistigen und materiellen Trümmerfeld erhob, das Nationalsozialismus und Zweiter Weltkrieg hinterlassen hatten. Bayern war kein auf Eingreifen der Besatzungsmächte zurückgehendes Kunstgebilde, kein Bindestrich-Land. In Bayern bedurfte es keines Jahrzehnte währenden Zusammenwachsens wie, um nur zwei Beispiele zu nennen, von Badenern und Württembergern oder Rheinländern und Westfalen zu Bürgern eines gemeinsamen Landes. Bayern fand sich in seinem geordneten, gesicherten und überkommenen Rahmen wieder, der seit 1806, dem Jahr, in dem Bayern Königreich wurde, zu stabiler und selbstverständlich gewordener Einheit gewachsen war.

Das bayerische Zusammengehörigkeitsgefühl, das zwischen Alpen und Main in langer Zeit entstanden ist, hat sich auch in schweren Zeiten bewährt. Geschichtliche Höhen und Tiefen haben das Zusammenwachsen befördert und bayerische Gemeinsamkeit selbstverständlich werden lassen. Im »bayerischen Commonwealth« finden sich Altbayern, Franken und Schwaben seit mehr als zwei Jahrhunderten in Verschiedenheit und Einheit zusammen. Wobei es geradezu als Beleg für die Staatlichkeit Bayerns gelten kann, dass die landsmannschaftliche Breite, ausgedrückt in den sieben Regierungsbezirken, sich auch immer wieder im Aufbegehren gegen die Zentralgewalt in München äußert.

Dieser bayerische Zusammenhalt konnte auch nicht durch den gewaltigen Bevölkerungszuwachs und die damit verbundene Änderung in der Bevölkerungszusammensetzung, die sich seit dem Krieg und damit seit mehr als einem halben Jahrhundert vollzogen hat, zerstört oder auch nur gestört werden. 8,7 Millionen Einwohner zählte das Land zum Kriegsende – heute leben mehr als 12,5 Millionen Menschen in Bayern. Und bei einem Blick in die Zukunft zeigt sich, dass Bayern, während andere deutsche Länder durch die demografische Entwicklung mit teilweise dramatischen Abnahmen ihrer Einwohnerzahlen zu rechnen haben, auch in den nächsten Jahrzehnten diese Zahl wird halten können.

Noch während des Krieges, ab 1943, waren rund eine halbe Million Menschen als Ausgebombte und Evakuierte aus den vom Krieg bedrohten oder zerstörten deutschen Regionen gekommen.

In der Zeit nach 1945 drängten zwei Millionen aus ihrer Heimat geflohene oder vertriebene Deutsche nach Bayern, fanden hier unter Überwindung großer Schwierigkeiten Heimat und Existenz. Sie wurden neben Altbayern, Franken und Schwaben zum »vierten bayerischen Stamm« und leisteten mit ihren Nachkommen einen entscheidenden Beitrag zum Aufbau des modernen Bayern.

In den Sechzigerjahren – damals sprach man noch von »Gastarbeitern«, weil man auf beiden Seiten, bei jenen, die kamen, und bei denen, zu denen sie kamen, nur an einen vorübergehenden Aufenthalt glaubte – begann der Zuzug von Ausländern, der, in höheren und niedrigeren Wellen, bis heute anhält.

Eine bis in die Gegenwart starke binnendeutsche Zuwanderung setzte verstärkt mit der geschichtlichen Wende in Deutschland ein. Für Hunderttausende von Menschen aus den neuen Ländern wurde und wird Bayern das neue Lebensziel, wo sie Arbeit und Zukunft fanden und finden.

Wie Bayern die mit dieser Dauerzuwanderung verbundenen Aufgaben und Herausforderungen gelöst hat, das lässt Professor Ferdinand Kramer vom Institut für Bayerische Geschichte an der Münchner Ludwig-Maximilians-Universität von einer »beispiellosen historischen Integrationsleistung« sprechen. Blickt man auf die in anderen deutschen Metropolen durch die ausländische Zuwanderung entstandenen Parallelgesellschaften mit ihren schier unlösbaren Problemen, so zeigt sich auch hier eine bemerkenswerte bayerische Alternative. Wenn Augsburg oder Nürnberg oder München einen höheren Ausländeranteil an der Bevölkerung haben als Berlin, aber ohne die in der Hauptstadt bestehenden Schwierigkeiten, so zeigt dies, dass man in Bayern vielleicht von Integration nicht so viel redet wie anderswo, aber sie weithin erfolgreich praktiziert.

Obwohl oft des Gegenteils verdächtigt, war Bayern immer ein offenes und gastfreundliches Land. Das Wort vom »Leben und leben lassen« ist nicht nur oberflächliches und bequemes Schlagwort, es trifft einen Kern bayerischer Lebensart. Der Begriff der »Liberalitas Bavarica«, der bayerischen Liberalität, hat Tradition und geht weit zurück. Im 18. Jahrhundert schrieben die Augustiner-Chorherren des oberbayerischen Stiftes Polling dieses Leitmotiv über das Portal ihrer Kirche. Georg Lohmeier, nicht nur Verfasser bayerisch-heiterer Fernsehserien, sondern stets auch auf der Suche nach den tieferen Wurzeln bayerischen Wesens, hat über dieses Wort sinniert und ist bis zu seinem Kern vorgedrungen: »Ist die Freiheit Bayerns damit gemeint oder bloß die bayerische Freigebigkeit, eingedenk jenes anderen Sprichworts, dass in Bayern noch nie jemand verhungert ist? Ist eine besondere liberale Gesinnung apostrophiert oder heißt es: Der Geist weht, wo er will – auch bei den Bayern? An der Fassade eines fürstlichen Schlosses gäbe die Sentenz ihr Geheimnis viel eher preis. Aber ausgerechnet über der Kirche eines bayerischen Stiftes verklärt sich das Wort zu einem dunklen Programm. Liberalitas ist aber kein dunkles Wort, sondern ein überaus lichtes, ein freundliches, denn es heißt wörtlich: die Freundlichkeit, die gütige, edle Gesinnung eines Menschen.«

Diese Liberalität umfasst natürlich auch die gesamtbayerische Neigung, sich von außen möglichst wenig dreinreden zu lassen. Bei aller innerbayerischen landsmannschaftlichen Verschiedenheit besteht hier ein großer bayerischer Konsens. Altbayerische Hartnäckigkeit, schwäbische Beharrlichkeit und fränkischer Stolz bilden hier einen festen Boden, auf dem das wächst, was Bayern immer wieder zu einem »widerspenstigen Freistaat« werden lässt. Bernhard Ücker, über Jahrzehnte Kommentator des landespolitischen Geschehens im Bayerischen Rundfunk, hat diesen Begriff geprägt, erläutert und variiert. Die Bayern erfreuen sich ihres Andersseins, ihrer Unverwechselbarkeit, ihrer Eigenständigkeit, ihrer Individualität. Sie wollen nicht sein wie die Menschen in den anderen deutschen Ländern, und sie sind es auch nicht. Sie sträuben sich gegen alle Gleichmacherei. Der gleiche Leisten, über den alles geschlagen werden soll, ist ihnen zutiefst zuwider. Das bringt ihnen den Ruf der Eigenbrötelei, des Außenseitertums, der Widerborstigkeit ein. Und Widerborstigkeit ist Ückers Widerspenstigkeit ganz nah verwandt.

Das Wesen der Bayern ist ein beliebter Gegenstand von Untersuchungen und Analysen, die im Lande selbst, aber auch gern aus einer erstaunten Außenansicht heraus angestellt werden.

Es widerspräche bayerischer Art, wenn sich aus

solcher Forschung ein ein- und gleichförmiges Bild ergäbe. Bayerns Reichtum erwächst aus seiner Verschiedenheit, nicht aus seiner Gleichheit. Das gilt für alle Faktoren und Sektoren des Landes – für seine Menschen zuerst, für seine Städte und Landschaften. Das gilt für sein kulturelles Leben, für seine Wirtschaft, für die Politik, für Sitte und Brauch. Der gesellschaftliche Zusammenhalt in Bayern funktioniert, Gemeinsinn ist keine Theorie, sondern Praxis. Die christliche Prägung, das geschichtliche Erbe, der Mut zu Neuem und die Kraft zur Bewahrung sowie die Fähigkeit, Tradition und Fortschritt zu verbinden – dies alles stärkt die Liebe der Bayern zu ihrer Heimat.

Unter den Studien, die versucht haben, Bayern und den Bayern auf die Spur zu kommen, fundierte, erwartete und überraschende Innenansichten zu liefern, ist eine vom Bayerischen Rundfunk 2009 vorgelegte Arbeit mit dem Titel *Ansichtssache Bayern* mittlerweile zu einem Standardwerk geworden. Das große Ganze und das unentbehrliche Kleine werden gleichermaßen unter die Lupe genommen, befragt, erfragt und hinterfragt. Kluge Aufsätze und spontane Einzeläußerungen und immer wieder Fragen nach Einschätzungen, Wertungen und Befindlichkeiten gehen dem Bayerischen auf den Grund.

So dem sich aufdrängenden Thema, ob Bayern seinen Menschen Heimat ist. Mit »Ja, absolut« antworteten 75 Prozent der Menschen auf diese Frage. 17 Prozent sahen das teilweise so, und nur 9 Prozent warteten mit einem Nein auf. Professor Albert Scharf, ehemaliger langjähriger Intendant des Bayerischen Rundfunks, dem Nachdenken über Bayern zu ständiger Übung geworden ist, definiert Heimat als eine »Identität und Humanität wahrende Lichtung im Dickicht der globalen Welt«. Andererseits – wer Heimat als wesensmäßige Voraussetzung menschlicher Existenz verstehe, werde sich, so Scharf, vor nostalgischer Verklärung hüten: »Heimat ist Realität und muss als solche selbstkritisch behandelt werden. Nur dann, als von uns angenommene und gestaltete Realität, schafft sie auch jene Sicherheit des Standorts, jene Behausung, zu der sie uns gerade dann verhelfen soll, wenn unsere Welt immer weiter wird, der Horizont immer ferner rückt. Man kann gewiss irgendwo in der Welt zu Hause sein, Gefallen finden an einer Bleibe fernab der angeborenen Heimat, sich dort durchaus wohlfühlen, und es gibt wunderschöne Gegenden in der Welt, in denen sich gut leben lässt – aber daheim ist man dort nicht.« Vor allem in Phasen von Krisen und Sorgen und Unsicherheiten braucht man Grund und Halt, wie sie nur der Lebensbereich bietet, dem man, so Scharf, nach Geburt und Geschichte, nach Sinnesart und Lebensweise verbunden ist: »Die Heimat eben, die in Sprache, Musik, Baugesinnung, Brauchtum, in der Art, das Leben im Jahreslauf zu leben, in der Art, zu arbeiten und zu feiern, Gemeinschaft stiftet, Identität schafft.« Weil Heimat nicht umsonst zu haben ist, weil sie nicht vom passiven Nehmen, sondern vom aktiven Geben lebt, ergibt sich eine von Scharf beschriebene Verpflichtung: »Eine solche Heimat zu sichern, zu bewahren und in die Zukunft hinein zu gestalten, übrigens auch, ihr eine sozial und wirtschaftlich lebensfähige Struktur zu erhalten.« Die Konsequenz: »Heimat, so verstanden, wird weder von den Zeiten überholt noch verflüchtigt sie sich in größeren Lebensräumen, wie sie Geschichte und Politik, Technik und Wirtschaft mit sich bringen. Heimat hemmt auch nicht den Fortschritt oder was man dafür hält. Der Wandel der Zeiten geht an der Heimat nicht vorbei. Neues entsteht und passt sich ein – was wäre Bayern, wenn es sich im Laufe der Jahrhunderte nicht gewandelt und entwickelt hätte; vieles von dem vielen, was unsere Heimat schmückt, war einmal neu und befremdlich in seiner Art.«

Zu groß ist das Land, und zu groß sind auch seine Unterschiede, als dass zur Beschreibung dessen, was Heimat ist und was als Heimat empfunden wird, ein gemeinsamer Nenner gefunden werden könnte. Martin Wölzmüller, Geschäftsführer des Bayerischen Landesvereins für Heimatpflege, preist die Vielfalt: »Die Vielfalt in der Landschaft, die Vielfalt in den Kulturen, die Vielfalt in den Leuten, in stammesmäßigen Aufteilungen und auch, wie sich diese Vielfalt im Bewusstsein, im Selbstbewusstsein der Leute abbildet. Das ist für mich ein wesentlicher Teil, eine von den Leuten gewollte Selbsteinordnung, die man in Bayern sehr stark spürt. Man fühlt sich als Altbayer, als Franke, als Schwabe, auch als Sudetendeutscher noch immer. Und man fühlt sich als Bayer, weil diese Ausgeprägtheit, dieses Selbstbewusstsein natürlich auch zu einer guten Selbsteinordnung führt.« Auch Markus Wasmeier, ehemaliger Skirennläufer, Betreiber eines Bauernhofmuseums am Schliersee und geradezu die Verkörperung sympathischen Bayerntums, sieht im Ganzen des Freistaats das Unterschiedliche: »Das typische Bayern ist eigentlich ein sehr facettenreiches Land, das so verschiedenartigste Traditionen und Landschaftsformen hat.«

Bayerisches Heimatgefühl erwächst wesentlich aus der unverwechselbaren Eigenart seiner Menschen. Man sieht sich anders als anderswo und wird auch von außen in dieser Andersartigkeit gesehen. »Bayern ist im Vergleich zu anderen Ländern ein Volksstamm, der unabhängig sein will. Vielleicht auch geprägt vor allem durch die Berge, denn Menschen, die gegen die Unbilden der Natur zu kämpfen haben, die vielleicht in früheren Jahren viel eingeschneit waren und nicht schnell die Hilfe anderer in Anspruch nehmen konnten, die mussten sich selber helfen, und das scheint mir doch ein wichtiges Moment zu sein. Dass man in der Lage ist, sich selber zu helfen. Alles selbst zu machen und nicht erst auf Hilfe von anderen angewiesen zu sein«, analysiert Claus Hipp, der erfolgreiche Unternehmer. Franz Xaver Gernstl, als gescheiter und aufmerksamer Beobachter für das Bayerische Fernsehen ständig unterwegs, macht auf seine Art den Unterschied zwischen Bayern und anderen Deutschen deutlich: »Wenn man einen norddeutschen Menschen beobachtet, wenn er Urlaub macht: Der weiß am Tag vorher schon immer, was er am nächsten Tag in der Früh treibt, mit welchem Rad er wohin fährt und wie das Wetter wird. Und ein Bayer geht erst einmal in der Früh zur Türe raus und schaut, wie das Wetter ist und wozu er heute Lust hat. Dieses ›Geht's heut nicht, geht's morgen‹ ist vielleicht eher bei uns in Bayern zu Hause, dieses gemütlichere Angehen einer Lebenssituation, als das in Norddeutschland der Fall ist.«

Johannes Friedrich, im Herbst 2011 nach zwölfjährigem Dienst aus seinem Amt als Landesbischof der Evangelisch-Lutherischen Kirche in Bayern geschieden, hat noch eine bayerische Besonderheit registriert: »Ich glaube, dass hier die Lebensart eine fröhlichere ist, fröhlicher als in vielen anderen Gegenden und unterm Strich auch zufriedener, dass die meisten Menschen hier gerne leben und es auch zu schätzen wissen, hier zu leben.«

Die außergewöhnliche Lebensqualität, mit ihren selbstverständlichen Auswirkungen auf die Stärke der Heimatliebe, hat der Landesbischof für *Ansichtssache Bayern* so zusammengefasst: »Ich sage manchmal, wir leben hier auf einer Insel der Seligen – das ist jetzt die nächste Aussage für die Kirche –, aber ich denke, das gilt auch für die gesamte Gesellschaft. Wir sind von so vielen Problemen, von Arbeitslosenproblemen, nicht so betroffen wie viele andere Gegenden in Deutschland, und das prägt natürlich auch das Bewusstsein und das Gefühl, wie man hier lebt. Und ich glaube, das hat sich verstärkt in den letzten dreißig Jahren. Wo wir ja viele Wirtschaftskrisen, Rezessionen, Anstieg der Arbeitslosigkeit in Deutschland erlebt haben, das war hier alles wesentlich abgemilderter, und auch die gesellschaftlichen Auseinandersetzungen insgesamt, denke ich, sind in Bayern geringer, die Konflikte sind geringer als anderswo, und das hängt, glaube ich, alles miteinander zusammen.«

Bayern und Heimat – für Charlotte Knobloch, die in München geborene und auf einem fränkischen Bauernhof aufgewachsene Präsidentin der Israelitischen Kultusgemeinde München und Oberbayern und ehemalige Vorsitzende des Zentralrats der Juden in Deutschland, muss dies ein unendlich schwieriges Begriffspaar sein: »Bayern war für mich keine Heimat mehr, und ich bin zurückgekommen, und ich wollte dieses Land verlassen. Ganz persönliche Geschehnisse waren der Grund, warum ich geblieben bin. Heute bin ich froh, weil ich glaube, es gibt kein schöneres Land, wo man leben kann, als diese wunderbare Landschaft. Wenn man da durchfährt, das ist doch ein Vergnügen. Man kann doch nur dasitzen und schauen und sich freuen, was das für ein wunderschönes Land ist. Und das ist jetzt nicht nur Oberbayern, sondern das ist das gesamte Bayern mit seinen Facetten.«

Einzelne Stimmen bringen hier zum Ausdruck, was die große Mehrheit der Menschen in Bayern fühlt und denkt. 74 Prozent der Bayern beantworten die Frage, ob sie gerne hier leben, mit einem klaren »voll und ganz«, 23 Prozent sehen dies »überwiegend« so. Eindeutig auch die Antwort auf die Frage, ob man alles in allem mit den Lebensumständen in Bayern sehr zufrieden sei – für 58 Prozent gilt dies »voll und ganz«, für 38 Prozent »überwiegend«. Und auch der Stolz, ein Bayer zu sein, ist ausgeprägt – »voll und ganz« empfindet mehr als die Hälfte so, bei 28 Prozent ist dies »überwiegend« der Fall.

Auch bei der Einordnung ihres Freistaats in den Reigen der anderen deutschen Länder tritt ein klares Selbstbewusstsein zutage. Dass Bayern eine führende Rolle unter den deutschen Ländern spielt, halten 52 Prozent der Menschen für »voll und ganz«, 38 Prozent für »überwiegend« wichtig. Der Unterschied zu anderen Ländern wird klar gesehen, auch die Verschiedenheit in der Mentalität zu den anderen Deutschen wird zur

Kenntnis genommen, mehr als acht von zehn Bayern sehen hier Differenzen. In diesen erfragten Einschätzungen kommt auch politisches Fühlen und Denken zum Ausdruck, das in vielen Jahren der Erfahrung geprägt wurde. Hildegard Hamm-Brücher, seit Jahrzehnten und immer noch Aushängeschild des Liberalismus in Bayern, auch wenn sie schon vor Jahren die FDP verlassen hat, trifft hier Wesentliches im Wesen der Bayern: »Ihre Aufmüpfigkeit gegen alles Preußische und Gesamtdeutsche und – solange die Eigenständigkeit nicht möglich ist – der Widerstand gegen alle Versuche, Bayern wie alle anderen Bundesländer zu behandeln.«

Auch die fränkische Sicht hat in der Untersuchung des Bayerischen Rundfunks ihren Platz. Nürnbergs SPD-Oberbürgermeister Ulrich Maly formuliert: »Na ja, wir sind die, die gegen das Grundgesetz gestimmt haben. Ich bringe es mal auf die Formel. Heute lachen alle drüber, und selbstverständlich wird 60 Jahre Grundgesetz auch bei uns gefeiert. Ja, das ist sicher bayerisch ... Politisch immer eine Spur verwegener zu sein als die anderen. Dinge dann auch mal zu sagen oder spüren zu lassen, welche die anderen vielleicht nur denken. Sich eine eigene Außenpolitik aufzubauen, was natürlich auch geprägt ist durch Ministerpräsidenten, und so zu tun, als wäre man fast ein eigener Staat und Vollmitglied der Europäischen Union, obwohl man eigentlich nur eins von sechzehn Bundesländern in Deutschland ist. Es ist schon eine besondere Form von Separatismus im Föderalismus, was sicherlich die Bayern, jetzt aus politischer Warte, ausmacht.«

Hierher passt eine Frage, die der Bayerische Rundfunk in seiner Untersuchung gestellt hat: »Wenn Sie sich entscheiden müssten, wofür würden Sie sich entscheiden: Fühlen Sie sich eher als Bayer/in oder als Deutsche/r?« Für das Bayerischsein entschieden sich 54 Prozent der Menschen, für das Deutschsein 46 Prozent. Gefragt, wie stark sie sich mit ihrer Umgebung verbunden fühlen, setzten die Bayern ihren Freistaat mit 67 Prozent klar an die erste Stelle, vor die Bundesrepublik Deutschland mit 56 und vor Europa mit 38 Prozent.

Der Stolz der Bayern auf ihr Land speist sich aus vielerlei Quellen, um dann in einen Strom allgemeiner Freude und Zufriedenheit zu münden. Das gute Gefühl, in einem geordneten und sicheren Gemeinwesen zu leben, spielt dabei ebenso eine Rolle wie die Tatsache, dass in Bayern die Familie bei der Vermittlung gesellschaftlicher Grundwerte trotz aller Veränderungen, die es auch hier gibt, ein prägender Faktor ist. Überdurchschnittliches Selbstbewusstsein erwächst auch aus dem Wissen, in einem – im deutschen wie im europäischen Vergleich – Spitzenland zu Hause zu sein. So sind, nach einer Generationenstudie der Hanns-Seidel-Stiftung, 79 Prozent der Menschen besonders stolz auf die wirtschaftlichen Erfolge und auf die wissenschaftlichen Leistungen des Freistaats. Dass die Freude über die lebendige Tradition einen hohen Stellenwert hat, vermag ebenso wenig zu verwundern wie das strahlende Vergnügen, das man in Bayern an der Schönheit der Landschaft hat. Wie überhaupt der Zusammenklang und das fruchtbare Nebeneinander von Stadt und Land für die innerbayerische Stabilität eine wichtige Rolle spielt.

Wenn es um die von der Mehrheit der Menschen durchaus empfundene besondere bayerische Eigenstaatlichkeit geht, führt der geschichtliche Blick weiter. Dazu Ministerpräsident Horst Seehofer: »Bayern hat eine lange eintausendfünfhundertjährige Tradition der eigenen Staatlichkeit. Daraus ist ein entsprechendes föderales Selbstverständnis erwachsen, das zur bayerischen Identität beiträgt. Bewahrung der Staatlichkeit der Länder hat nichts mit Kleinstaaterei zu tun, wohl aber mit einem positiven regionalen Selbstbewusstsein und der Bereitschaft, Verantwortung zu übernehmen. Die Bundesrepublik Deutschland und Europa brauchen starke und mündige Regionen. Sie sind deren Fundament.«

Odilo Lechner, Alt-Abt von St. Bonifaz in München und von Kloster Andechs, hat in der Festschrift aus Anlass des 90-jährigen Bestehens des Bayernbundes im Jahr 2011 zum Thema »Bayerisches Selbstverständnis im Wandel der Werte« auf die Pollinger Inschrift – »Liberalitas Bavarica« – Bezug genommen. Seine Schlussfolgerungen: »Fürwahr mag bayerisches Bewusstsein der Eigenständigkeit, Neigung zu Eigenbrötelei, die Devise ›Leben und leben lassen‹, der Sinn für die Vielfalt der Schöpfung und der Respekt vor dem anderen solch bayerische Liberalität begründen. Soll sie sich freilich gegenüber den drohenden totalitären Zugriffen behaupten und bewähren, braucht sie klare Entschiedenheit, die aus tiefer Überzeugung erwächst, braucht sie Entschlossenheit, die auch Widriges, Benachteiligung, Auseinandersetzung und Kampf auf sich nimmt, die sich an Unverrückbares, Absolutes bindet. So kann sie aus einer tiefen Pietät, gestärkt durch geschichtliche Kontinuität und Stabilität, ermutigt durch die Freude des Feierns und durch den Anblick sinnenhafter Fülle, gelassen und bereit auch zum irdischen Verlieren künftige Geschichte gestalten als Freiheitsgeschichte der Menschen. Das sind Werte, die Bayern mitgegeben und in besonderer Weise in der Zukunft aufgegeben sind.« Mit den von ihm angesprochenen totalitären Zugriffen meint der Alt-Abt jenes grauenvolle Unheil, das im vergangenen Jahrhundert mit dem absoluten Anspruch einer Rassenideologie oder einer durchzusetzenden klassenlosen Gesellschaft über die Welt gebracht wurde. Sogenannte »Sachzwänge«, so seine Warnung, drohen den Menschen wieder einer totalitären Herrschaft wirtschaftlicher Nützlichkeit, bürokratischer und datentechnischer Erfassung oder mediengesteuerter Manipulation zu unterwerfen.

Ganz gewiss solle nicht am bayerischen Wesen, so Odilo Lechner, die ganze Welt genesen, Bayern wolle ja auch nicht die Welt erobern. Aber: »Es will und soll seine Eigenart bewahren und die ihm eigenen Werte entfalten. Und es ist davon überzeugt, dass etwas von diesen Werten auch für die übrige Welt wichtig und notwendig ist.«

Bayern ist im Rahmen der Länder der Bundesrepublik Deutschland nicht nur – im besten Sinne – ein Außenseiter, es ist ein erfolgreicher Außenseiter. Dass der deutsche Süden der starke deutsche Süden ist, dazu leistet der Freistaat einen unerlässlichen Beitrag. Schon 2006 ist Wolfram Weimer im Magazin *Cicero* der Frage nachgegangen, was der Süden habe und was anderen wohl fehle. Seine Antwort: »Das Erfolgsgeheimnis des Südens ist nicht politischer oder zufälliger, es ist kultureller Natur. Ob Bayern oder Thüringer, ob Schweizer oder Sachsen, ob Schwaben oder Tiroler – sie eint etwas ganz anderes als Konfession, Regierungspartei, Begünstigung der Weltläufte oder Bodenschätze. Sie alle sind geborgen in dichten Sozialstrukturen, in tradierten Denk- und Verhaltensweisen, in einer mittelständisch geprägten Leistungs- und Wettbewerbsethik. Sie alle haben sich den Erfolg aus eigener Kraft erarbeitet. Sie wissen um sich selbst. Kurzum: Sie haben Identitäten und damit ein kollektives Kleid des Selbstbewusstseins. Das Ethos des Machens erwächst aus der Gewissheit des Seins. Je schneller sich das Globalisierungskarussell dreht, desto mehr erweist sich der gefestigte kulturelle Unterbau einer Region oder Gesellschaft als Kraftquell und Halt.«

Diese auch von Odilo Lechner angesprochene Gewissheit des Seins hat sehr viel mit der aus der Geschichte kommenden christlichen Prägung Bayerns zu tun. Auch wenn an Bayern die säkularisierenden Entwicklungen der letzten Jahrzehnte nicht spurlos vorbeigehen konnten und vorbeigehen können, so gehören im Freistaat immer noch drei Viertel der Menschen einer der beiden großen christlichen Konfessionen an, rund 55 Prozent der Bayern sind katholisch, knapp ein Viertel evangelisch – im deutschen Durchschnitt sind nicht einmal mehr 60 Prozent der Bevölkerung Mitglied einer der beiden großen christlichen Konfessionen. Bayern ist ein christlich geprägtes Land, was für das Gesicht des Landes gilt, für sein Brauchtum, für seine Lebensart. Die christlichen Kirchen haben ihre feste und anerkannte Position in Bayern. Katholiken und Lutheraner wissen um das gemeinsame Christliche und die Notwendigkeit seiner gemeinsamen Vertretung, melden sich zu Wort und werden gehört.

Welch vorrangigen Platz jenseits jeder Kirchenstatistik das Christliche in den Köpfen und Herzen der Menschen in Bayern einnimmt, ermittelte im Mai 2011 das Meinungsforschungsinstitut Infratest dimap. »Sind Ihnen christliche Werte wie zum Beispiel ›Nächstenliebe‹ oder ›Barmherzigkeit‹ in Ihrem persönlichen Leben wichtig?«, wurde gefragt. Die Antwort: Für 45 Prozent der bayerischen Bevölkerung sind diese christlichen Werte »sehr wichtig«, für 45 Prozent sind sie »wichtig«. »Weniger wichtig« wird diese christliche Orientierung nur von 8 Prozent der Menschen genommen, für verschwindende 2 Prozent ist Christliches »gar nicht wichtig«.

Die Bayern lieben ihr Land, das ihnen einmalig vorkommt, von dem sie wissen, dass es von anderswo mit Bewunderung, mit Staunen und mit Sehnsucht, aber auch mit Neid, Besserwisserei und Ablehnung gesehen wird. Weil aber die Menschen in diesem Freistaat sich ihrer Eigenart als Bayern bewusst sind und im Allgemeinen fest in sich ruhen, bleiben sie von Urteilen und Vorurteilen, die von jenseits der Grenzen kommen, unberührt und unangefochten. Sie wissen um das reiche kulturelle Erbe ihres Landes, das ein Herzstück bayerischer Identität ist. Nicht weniger gilt dies für die Geschichte des Landes. Ohne das Wissen um historische Wurzeln und Zusammenhänge kann Heimat nicht begriffen und die mit ihr verbindende Identität nicht erworben werden.

VI Der Freistaat Bayern
Ein Standort ersten Ranges

Um mit einem Gedankenspiel zu beginnen, das sehr ernst ist: Würde man Bayern als eigenständigen Staat betrachten und seine Position in der nach Wirtschafts- und Finanzkraft geordneten Rangfolge der EU-Mitgliedstaaten bestimmen, träte Erstaunliches zutage. Bayern käme, die Zahlen beziehen sich auf das Jahr 2010, mit einem Bruttosozialprodukt von 442 Milliarden Euro und damit mit einem Anteil von 3,6 Prozent am gesamteuropäischen Aufkommen auf einen stolzen siebten Platz. Vor dem weiß-blauen Freistaat läge – mit 2499 Milliarden Euro und einem Anteil von 20,34 Prozent unangefochtener Spitzenreiter – Deutschland, gefolgt von Frankreich (1948 Milliarden Euro, 15,85 Prozent), dem Vereinigten Königreich (1695 Milliarden Euro, 13,8 Prozent), Italien (1549 Milliarden Euro, 12,61 Prozent), Spanien (1063 Milliarden Euro, 8,7 Prozent) und den Niederlanden (591 Milliarden Euro, 4,8 Prozent).

Aus dieser Statistik lässt sich ablesen, was Bayern in seiner Geschichte immer war: eine wirtschaftlich und auch politisch wichtige und bedeutende Mittelmacht. Auf welchem hochrangigen Platz der Freistaat heute steht, zeigt sich nicht nur daran, hinter welch großen

Ländern er diese Position einnimmt. Es wird auch sichtbar, wenn man aufzählt, welche Länder der Europäischen Union, gestaffelt nach ihrem Bruttosozialprodukt, nach Bayern folgen: Polen, Belgien, Schweden, Österreich, Dänemark, Griechenland, Finnland, Portugal, Irland, Tschechische Republik, Rumänien, Ungarn, Slowakei, Luxemburg, Slowenien, Bulgarien, Litauen, Lettland, Zypern, Estland und Malta.

Der starken europäischen Stellung Bayerns nach den Maßstäben der Wirtschaftskraft entspricht seine Einordnung nach der Zahl der Einwohner. Nur Deutschland mit über 80 Millionen, Frankreich mit 62 Millionen, Großbritannien mit 61 Millionen, Italien mit 60 Millionen, Spanien mit 45 Millionen, Polen mit 38 Millionen, Rumänien mit 21 Millionen und die Niederlande mit 16 Millionen Menschen sind bevölkerungsstärker als Bayern mit seinen 12,5 Millionen Menschen. Besonders erfreulich und zukunftssichernd für Bayern: Während in anderen deutschen Ländern erhebliche Bevölkerungsrückgänge zu verzeichnen sein werden, wird allen Prognosen und Berechnungen zufolge die Zahl der in Bayern lebenden Menschen auf dem gegenwärtigen Stand bleiben. Das hat entscheidend mit der anhaltend großen Attraktivität Bayerns zu tun, der Freistaat ist in Deutschland das Zuwanderungsland Nummer eins. Den mit der demografischen Entwicklung – ein erhebliches Geburtendefizit in Deutschland und auch in Bayern – verbundenen Risiken und Herausforderungen kann Bayern deshalb auf absehbare Zeit, auch wenn das Kernproblem nicht verkannt und verharmlost werden darf, mit mehr Gelassenheit entgegenblicken, als dies andere Länder können.

Bayern ist der Gewinner der innerdeutschen Wanderungsbewegungen. Bevor es zur deutschen Wiedervereinigung kam, hatte der Freistaat knapp 11 Millionen Einwohner, zu Beginn des Jahres 2012 waren es über 12,5 Millionen. Mit Ausnahme Hamburgs, das einen kleinen Wanderungsgewinn aus Bayern zu verzeichnen hatte, sind aus allen anderen Ländern weit mehr Menschen nach Bayern gekommen, als von Bayern in diese gezogen sind. Mit knapp 120 000 und über 90 000 Zuwanderern führen Niedersachsen und Sachsen diese Liste an. Bayern ist eine gute und begehrte Adresse.

Deutschland spaltet sich erneut, nicht mehr in Ost und West, sondern in Nord und Süd, hat das Bundesinstitut für Bevölkerungsentwicklung dieses Geschehen kommentiert. Und es sind vor allem junge Menschen, auch junge Familien, die es nach Bayern zieht. Die Zahlen für 2010 belegen diesen für Bayern und seine Zukunft erfreulichen Trend in eindrucksvoller Weise: Von den 45 903 Menschen, die in diesem Jahr in Bayern eine neue Heimat gesucht und gefunden haben, waren 5064 unter 18 Jahre alt. Die größte Gruppe bildeten mit 16 190 die 18- bis 24-Jährigen, 9180 der Zuwanderer waren 25 bis 29 Jahre alt, und eine starke Gruppe mit 13 721 Menschen bildeten auch die 30- bis 49-Jährigen. Aus der Altersgruppe der 50- bis 64-Jährigen kamen nur 1748 neue Bürger nach Bayern.

In der Gründungsphase der Bundesrepublik Deutschland lag der Freistaat Bayern, überwiegend agrarisch geprägt, auf der Leistungsskala der deutschen Länder auf einem der letzten Plätze. Mit seiner Revierferne und dem damit verbundenen Nachteil einer schwierigen Energieversorgung hatte Bayern bei seinem Wettlauf in eine bessere Zukunft also denkbar schlechte Startbedingungen. Dass bei dieser Ausgangslage Bayern heute im Ranking der Bundesländer den ersten Platz einnimmt und dabei in einzelnen Bereichen nur im Nachbarn Baden-Württemberg einen ernsthaften Konkurrenten hat, stellt im Rahmen des weltweit bestaunten deutschen Wirtschaftswunders noch einmal ein eigenes bayerisches Wunder dar.

Die Bayerischen Staatsregierungen wussten, dass die wirtschaftliche Leistungskraft nicht alles, aber ohne diese Leistungskraft alles nichts ist. Bayern voranzubringen, das ökonomische Fundament des Landes zu stärken, das moderne Bayern zu bauen, ohne dabei das unverwechselbare Gesicht des Landes zu zerstören, war und ist der große Dauerauftrag bayerischer Politik. Die bayerische Politik kam dieser Verpflichtung nach. Wenn der Freistaat heute, wie Ministerpräsident Seehofer gern formuliert, ein Fünf-Sterne-Land ist, geht das auf eine kontinuierliche Aufbauleistung zurück, erbracht von einer tüchtigen Bevölkerung im richtigen politischen Rahmen.

Franz Josef Strauß – wie kein anderer bayerischer Politiker der Nachkriegzeit und wie kein anderer Repräsentant seiner Partei hat er den ökonomischen Durchbruch Bayerns an die Spitze bewirkt und durchgesetzt. Er arbeitete an dieser Aufgabe nicht erst in den letzten zehn Jahren seines Lebens, als er Bayerischer Ministerpräsident war, ein Amt, aus dem heraus er am 3. Oktober 1988 starb. Auch in den siebenundzwanzigeinhalb Jahren, in denen er als Parteivorsitzender die CSU führte, war er unentwegt für Bayern im Einsatz.

Die Sicherung einer kostengünstigen und autarken bayerischen Energieversorgung durch die friedliche Nutzung der Kernenergie war damals ein entscheidender Schritt nach vorn. Sie durch andere Energiequellen zu ersetzen wird die bayerische Politik in den nächsten Jahren vor gigantische Herausforderungen stellen. Der Großflughafen München II, der zu Recht den Namen Franz Josef Strauß trägt, das erfolgreiche Einwirken auf BMW, in Ostbayern neue Produktionsschwerpunkte zu setzen, was dazu führte, dass in Niederbayern und in der Oberpfalz heute eine positive Arbeitsmarktsituation herrscht, die man sich vor Jahren nicht in den kühnsten Träumen hätte vorstellen können, ferner die Entwicklung Bayerns zu einem anerkannten Standort der Luft- und Raumfahrtindustrie – Strauß setzte mit seiner Weitsicht und Durchsetzungskraft die Maßstäbe jener bayerischen Politik, die den Freistaat Bayern zu einer von außen bewunderten, aber auch beneideten wirtschaftlichen Erfolgsregion hat werden lassen. Es war die feste Überzeugung von Strauß, »dass wir auf moderne Wissenschaft und Technik angewiesen sind, wenn wir eine humane Gestaltung der Arbeitswelt erreichen, menschenwürdige Lebensbedingungen und soziale Sicherheit für alle weiterentwickeln und unsere natürliche Umwelt bewahren wollen. Auch gilt es, der Jugend den Ausblick in eine lebenswerte Zukunft zu vermitteln. Bayerische Politik will keinen Fortschritt um jeden Preis, sie will einen Fortschritt mit menschlichem Maß und mit Ehrfurcht vor der Schöpfung.«

Bayerns unbestrittene Attraktivität als Wirtschaftsstandort muss im harten deutschen und internationalen Wettbewerb ständig verbessert werden. Dass sich immer neue Unternehmen in Bayern niederlassen, hängt wesentlich mit den stabilen politischen Verhältnissen im Freistaat zusammen. Nicht nur die weltweit bewunderte landschaftliche und kulturelle Schönheit Bayerns erwächst aus seiner Vielfalt, auch das wirtschaftliche Profil des Landes besticht durch seine große Bandbreite. Neben Großunternehmen wie zum Beispiel Siemens, BMW oder Audi prägen viele Zehntausende mittelständischer Unternehmen Bayerns moderne und zukunftsorientierte Ökonomie. Wobei es bemerkenswert ist, bei wie vielen dieser Betriebe es sich um höchst innovative Weltmarktführer in ihrer Branche handelt. In Bayern liegt die Quote der selbständigen Unternehmer, also jener Menschen, die sich etwas zu unternehmen trauen, in überdurchschnittlicher Höhe: Sie beträgt 12,9 Prozent. Im deutschen Durchschnitt sind es 2 Prozent weniger. Hier der Mittelstand, dort die Großen: München beheimatet unter allen Metropolen der Bundesrepublik die meisten der umsatzstärksten deutschen Unternehmen. Und ein Drittes: Bayerns Landschaft ist unverwechselbar; trotz aller Modernität ist Bayern nämlich immer noch auch ein Bauernland – zwei von drei deutschen Bauernhöfen stehen in Bayern. Wobei die bayerische Landwirtschaft wie die übrige Wirtschaft auch längst zu den deutschen Exportweltmeistern gehört.

So ist es alles in allem nicht verwunderlich, dass der Freistaat Bayern die globale Wirtschaftskrise von 2008 weitaus besser überstanden hat als andere Länder und Regionen. Wie robust die bayerische Wirtschaft ist und wie widerstandsfähig gegenüber einer in diesem

Ausmaß seit 1945 noch nicht da gewesenen Krise, zeigen zwei Zahlen: Betrug im Jahr 2008 das bayerische Bruttosozialprodukt 445 Milliarden Euro, so hatte es im Jahr 2011 mit 444,5 Milliarden Euro diese Höhe fast wieder erreicht. Der Aufschwung des Jahres 2012 hat diese Bilanz inzwischen noch deutlich weiter verbessert. Die Dynamik, zu der Bayern nach der Krise wieder gefunden hat, schlägt sich in einer weltweit starken Nachfrage nach hochwertigen Produkten und Leistungen aus dem Freistaat nieder. Auch alle Wirtschaftsprognosen sehen Bayern als das herausragende Exportland innerhalb der Bundesrepublik Deutschland. Bayern ist als internationaler Wirtschaftspartner überall gefragt, vor allem auch dort, wo die Märkte der Zukunft gesehen werden, wie zum Beispiel in China.

Eine Folge dieser Entwicklung und der gleichzeitig eingetretenen verstärkten inländischen Nachfrage ist, dass Arbeitslosigkeit in Bayern kein Problem mehr darstellt. Auf dem Arbeitsmarkt zeigt sich Bayerns steiler wirtschaftlicher Aufstieg besonders deutlich. Vor allem in den ostbayerischen und grenznahen Regionen war in früheren Jahrzehnten die Arbeitslosigkeit, vor allem in den Wintermonaten, ein großes Problem. Heute glänzt zum Beispiel das einst von Schwierigkeiten geplagte Niederbayern mit Arbeitslosenzahlen von kaum mehr als 3 Prozent, eine Marke, die einst nur im Ballungsraum München erreicht wurde. So ist der Arbeitsmarkt in Bayern nicht von Arbeit suchenden Arbeitnehmern, sondern von Arbeitnehmer suchenden Unternehmern gekennzeichnet. Wenn eine Arbeitslosenquote von 3 Prozent als Vollbeschäftigung gilt, ist Bayern von dieser Vollbeschäftigung nur noch wenige Millimeter entfernt. Der einzelne Arbeitnehmer ist der Gewinner dieser Entwicklung, er kann sich seinen Arbeitsplatz aussuchen und ist umworben. Jugendarbeitslosigkeit kommt im Freistaat nicht mehr vor.

Bei dieser Ausgangslage ist es nicht verwunderlich, dass Bayern im Standortwettbewerb mit den anderen deutschen Ländern in der Spitzengruppe und oft genug an der Spitze liegt. Nicht nur das Institut der deutschen Wirtschaft Köln (IW) sieht Bayern im Länder-Ranking ganz vorn. Wenn in dieser Tabelle, bei deren Erstellung die Faktoren Wohlstand, Arbeitsmarkt, Struktur und Standort zusammengefasst werden, der deutsche Mittelwert mit 50 angegeben wird, liegt der Freistaat Bayern mit 66,2 Punkten klar auf dem ersten Platz, gefolgt von Baden-Württemberg mit 63,2 Punkten. Dass das Bundesland Berlin hier mit 38,3 Punkten das Schlusslicht bildet, ist dabei weniger überraschend als die Tatsache, dass das bevölkerungsreichste Land Nordrhein-Westfalen mit 49,3 Punkten den Bundesdurchschnitt verfehlt und nur auf eine bescheidene achte Position kommt.

Was für die Gegenwart gilt, zeichnet sich auch für die Zukunft ab: Bayern hat alle Chancen, seinen Spitzenplatz, der über die deutschen Grenzen hinaus strahlt, auch in den kommenden Jahren zu behaupten. Nach den Untersuchungen des Prognos-Instituts in seinem *Zukunftsatlas 2010* werden die sieben deutschen Top-Regionen mit den höchsten Zukunftschancen ausschließlich in Bayern und Baden-Württemberg liegen. So kann es nicht mehr überraschen, dass die – trotz aller Kritik im Zusammenhang mit der Euro-

Schuldenkrise – immer noch wichtigen Noten der Ranking-Agenturen für den Freistaat Bayern vorzüglich ausfallen: Bayern ist nach wie vor das einzige deutsche Land, das von Standard & Poor's auf einer 27-stufigen Ratingskala mit »AAA mit stabilem Ausblick« bewertet wird. »Der Fortschritt spricht bayerisch«, hatte das Magazin *Geo* schon vor einem Vierteljahrhundert gestaunt. Bundespräsident Roman Herzog prägte 1998 die gängige und mittlerweile zum unentbehrlichen Schlagwort gewordene Formel von »Laptop und Lederhose«, um seine Einschätzung auf den Punkt zu bringen, dass »in Bayern vielleicht Tradition und Modernität sichtbarer als in anderen Regionen Deutschlands vereint« seien.

Der wirtschaftliche Erfolg und die finanzielle Solidität eines Landes gehören untrennbar zusammen, sie bedingen sich gegenseitig. In Bayern funktioniert dieses Zusammenspiel. So ist es kein Zufall, sondern Ergebnis einer zielbewussten Politik, dass Bayern in der Statistik der Pro-Kopf-Verschuldung der deutschen Länder einen erfreulich positiven Platz einnimmt. In einem Faktencheck über die Schulden der Bundesländer für die Initiative Neue Soziale Marktwirtschaft, erstellt vom Institut der deutschen Wirtschaft Köln, wurde für die Gesamtheit aller 16 deutschen Länder für das Jahr 2010 eine durchschnittliche Pro-Kopf-Verschuldung von 9262 Euro ermittelt. Bayern liegt dabei – hinter Sachsen, das mit nur 1565 Euro den ersten Platz einnimmt – mit 2340 Euro auf dem zweiten Rang. Die Pro-Kopf-Verschuldung in Baden-Württemberg, sonst mit Bayern immer wieder im nachbarschaftlichen Wettstreit um die besten Plätze, ist mit

5415 Euro bereits doppelt so hoch, was aber noch für den dritten Platz reicht. Bemerkenswert ist, dass das Land Nordrhein-Westfalen, einst das wirtschaftliche Herz Deutschlands, mit einer Pro-Kopf-Verschuldung von 9636 Euro vor den bekanntesten Schuldenstaaten Saarland, Hamburg, Berlin und Bremen nur einen kläglichen zwölften Platz einnimmt. Berlin mit einer Verschuldung von 17536 Euro pro Kopf wird nur noch vom eigentlich längst bankrotten Stadtstaat Bremen übertroffen, dessen Pro-Kopf-Verschuldung die astronomische Höhe von 26987 Euro erreicht! Wie in solchen Fällen die im Rahmen der Föderalismusreform II vereinbarte und ins Grundgesetz gekommene Schuldenbremse mit ihrem verbindlichen Termin 2020 eingehalten werden soll, ist eine interessante Frage.

»Die Haushalte von Bund und Ländern sind grundsätzlich ohne Einnahmen aus Krediten auszugleichen«, heißt es im Absatz 3 des neuen Grundgesetzartikels 109. Wie die Länder ihre Haushalte ausgestalten, ist diesen im Rahmen ihrer verfassungsmäßigen Kompetenzen selbst überlassen, freilich mit der Maßgabe, »dass Satz eins nur dann entsprochen ist, wenn keine Einnahmen aus Krediten zugelassen werden«. Während andere Länder damit vor kaum lösbaren Aufgaben stehen, kann der Freistaat Bayern hier gelassen in die Zukunft blicken. Ehe im Bund oder in anderen Ländern von der Schuldenbremse überhaupt die Rede war, wurde sie in Bayern bereits konsequent praktiziert. 2006 hat der Freistaat seinen ersten Haushalt ohne neue Schulden beschlossen. Dies gegen heftige Widerstände durchgesetzt zu haben gehört schon wegen seiner Einmaligkeit in Deutschland zu den Großtaten der Regierungsverantwortung von Edmund Stoiber. Der Freistaat ist auf diesem unbequemen, aber seine Zukunft sichernden Weg geblieben – neue Schulden gibt es auch im Haushalt für das Jahr 2012 nicht. Nicht nur das, Bayern wird, auch hier ein absoluter Sonderfall in der Reihe der Länder, mit dem Abbau der Staatsschulden beginnen. Im Januar 2012 hat Ministerpräsident Seehofer mit der Ankündigung, dass der Freistaat bis zum Jahr 2030 seine Schulden zurückgezahlt haben und dann völlig schuldenfrei sein werde, für Aufsehen gesorgt.

Solche Politik zahlt sich aus. Liegt die Zinsabgabenquote – also der Teil eines Jahreshaushalts, der für die Verzinsung der vom Staat angehäuften Schulden aufgewendet werden muss – im Durchschnitt der westdeutschen Länder bei 8 Prozent, so erreicht sie in Bayern nur 2,6 Prozent. Dieser sparsame Umgang mit dem Geld der Steuerzahler vergrößert die Spielräume des Staates, seine Mittel zielgerichtet einzusetzen, um die Wirtschaft zu fördern und Arbeitsplätze zu schaffen. So hatte Bayern im Jahr 2010 mit 3,9 Prozent das höchste Wirtschaftswachstum aller Länder. Auch lag seine Investitionsquote mit 12 Prozent des Haushalts weit über dem Durchschnitt der westdeutschen Länder, die sich mit 9,5 Prozent begnügen mussten.

Diese Art des Haushaltens führt im Verein mit der Wirtschaft auch dazu, dass in Bayern für Forschung und Entwicklung weit mehr Mittel aufgewendet werden als in anderen deutschen Ländern. In diesem Bereich kann der Freistaat aber auch jeden internationalen Vergleich mühelos aushalten. Nach den Untersuchungen von Eurostat, dem Statistischen Amt der Europäischen Union, wird der deutsche Zielwert von 3 Prozent des Bruttosozialprodukts, der für Forschung und Entwicklung aufgewendet werden soll, exakt nur in Bayern erreicht. Die Bundesrepublik Deutschland insgesamt kommt hier auf 2,8 Prozent. Auffällig aber ist, dass Bayern mit seiner 3-Prozent-Quote auf internationaler Ebene nur von Dänemark mit 3,2 Prozent und von Spitzenreiter Schweden mit 3,7 Prozent übertroffen wird. Staaten wie die USA (2,7 Prozent), Frankreich (2,2 Prozent), Großbritannien (1,8 Prozent) oder Italien (1,1 Prozent) bleiben hier zum Teil weit hinter dem bayerischen, aber auch dem deutschen Level zurück. In diesen Zusammenhang passt, dass Süddeutschland die deutsche Innovationsschmiede schlechthin ist. Nach einer Bilanz des Deutschen Patent- und Markenamtes entfielen im Jahr 2010 von den 47047 Patentanmeldungen, die es in ganz Deutschland gab, mehr als die Hälfte, exakt 27782 auf die Länder Baden-Württemberg (14813) und Bayern (12969).

Die Qualität des Standorts Bayern ist auf Dauer gesichert. Hierzu tragen nicht allein die Wirtschafts- und Finanzkraft des Freistaats bei. Auch die Bildungskraft ist ein wesentlicher Faktor. Bayerische Schul- und Bildungspolitik setzt auf die Vielfalt ihrer Bildungs- und Erziehungsangebote. Sie erteilt nicht nur im Grundsätzlichen, sondern auch in der Praxis aller aus verzopfter und längst widerlegter Ideologie geborenen Gleichmacherei, der in manchen anderen Ländern nachgelaufen wird, eine klare Absage. Bayern bietet jedem jungen Menschen, der das Können und den Willen dazu mitbringt, von jeder Schulart aus den

Weg bis zur Hochschulreife. Das Leitmotiv »Kein Abschluss ohne Anschluss« ist nicht Schlagwort, sondern Wirklichkeit. »Der Übergang von der Schule in den Beruf gelingt in Bayern sehr gut«, bilanziert mit dem Blick von außen die Initiative Neue Soziale Marktwirtschaft, um zusammenfassend festzustellen, dass Bayern bei der Schulqualität und beim Zugang zu beruflicher Bildung ganz vorn liegt.

In der Tat, von wem und von wo auch immer eine Bestandsaufnahme des deutschen Schulwesens gemacht wird – Bayern steht allein an der Spitze oder gehört zur engsten Spitzengruppe. Dabei bestätigt sich die generelle Erfahrung, dass Kinder dort die beste Bildung und Erziehung erfahren, wo ein gegliedertes und differenziertes Schulangebot besteht. Mit seinem Dreiklang aus Gymnasium, Realschule und der aus der Hauptschule entwickelten Mittelschule erhält das bayerische Schulwesen von allen Seiten und immer wieder hervorragende Noten. Jede Schülerin und jeder Schüler hat die Möglichkeit, einen seinen persönlichen Fähigkeiten angemessenen Weg zu gehen. Darum verweigert bayerische Schulpolitik zu Recht und im Interesse der Kinder des Landes den Rück- und Irrweg in Einheits- und Gesamtschulen, die sich längst als zu wenig leistungsfähig erwiesen haben.

Das Grundprinzip des Föderalismus hat in der Bildungs- und Schulverantwortung der Länder einen unverrückbaren Eckpfeiler. In der 2006 beschlossenen Föderalismusreform wurde diese Zuständigkeit noch einmal festgeschrieben. Dennoch fehlt es nicht an immer neuen Anschlägen auf diese Teilung der Verantwortung zwischen Ländern und Bund, mit denen bei

Bildung und Schule auf öde Gleichmacherei und nicht auf blühende Vielfalt gesetzt wird. Wenn alles gleichgemacht ist, fallen Wettbewerb und Vergleichsmöglichkeit zwischen den Ländern weg. Verständlich deshalb, dass die Vorstöße nach Vereinheitlichung des deutschen Schulwesens vor allem aus jenen Ländern kommen, die sich bei Leistungs- und Ergebnisvergleichen aller Art am Ende der Skala befinden.

Ob den Kindern, um die es in jeder Bildungsdiskussion eigentlich gehen müsste, mit einem einheitlichen Schulwesen von Flensburg bis Garmisch-Partenkirchen gedient wäre, spielt im Eifer der Gleichmacherei kaum eine Rolle. Könne man denn im Bildungssystem »Gerechtigkeit« versprechen, vielleicht sogar »Chancengleichheit«, fragte im November 2011 Heinz-Elmar Tenorth, Professor für Historische Erziehungswissenschaft an der Berliner Humboldt-Universität, im Magazin *Cicero*. Seine Antwort: »Ja, wenn Gerechtigkeit als Zugangschance zu einem in sich differenzierten und über Leistung organisierten System verstanden wird. Nein, wenn man ›Gleichheit‹ als Ergebnis erwartet; denn die Schule behandelt zwar in individualisierender Massenbeschulung alle gleich, erzeugt aber dadurch innerschulisch neue und für das Leben folgenreiche Differenzen, indem sie Neigungen, Interessen und Fähigkeiten je individuell und differenziert sich entwickeln lässt, sie aber nach übergreifenden Kriterien beurteilt.« Deshalb, so die Schlussfolgerung des Wissenschaftlers: »Durch bundeseinheitliche, zentrale Zuständigkeiten und Steuerung kann man weder dem einen noch dem anderen abhelfen, schon gar nicht gesellschaftliche Gleichheit durch gleiche Beteiligungschancen an Bildungsprozessen herstellen – denn, man muss es erinnern: Bildungskarrieren entscheiden sich in der Einzelschule und letztlich als Leistung der Individuen selbst, Egalität ist da nicht zu erwarten.«

Bayern kann seit Jahren bei allen Bildungs- und Schuluntersuchungen Spitzenergebnisse einfahren. Im *Bildungsmonitor 2011* erreichte der Freistaat den ersten Platz für Schulqualität. Im schulischen Ländervergleich 2009 erzielte Bayern fünfmal den ersten Platz für alle Kompetenzbereiche in Deutsch und Englisch. Bei PISA-Untersuchungen schnitten bayerische Schüler nicht nur in Mathematik hervorragend ab, bei der IGLU-Studie lagen bayerische Schulen in der Gesamtskala beim Lesen vorn. Sensationelle Spitzenzensur für den Freistaat: Im *Deutschen Lernatlas* der Bertelsmann-Stiftung, im Dezember 2011 vorgestellt, erweist sich Bayern als das Bildungsland Nummer eins der Bundesrepublik Deutschland. Dem Freistaat werden erstklassige Rahmenbedingungen für eine erfolgreiche Bildung bestätigt, was für die großstädtischen Ballungsräume ebenso gilt wie für den ländlichen Raum. Auch Städte und Regionen, die nicht zur wirtschaftlichen Spitze im Lande gehören, sind bei der Bildung ganz vorn dabei. Und: Die »schlechtesten« Landkreise und kreisfreien Städte in Bayern, soweit man davon sprechen kann, bieten immer noch weit bessere Bedingungen für Bildung und Lernen als die besten Regionen in einer Reihe anderer deutscher Länder. Vergleichsstudien bestätigen bei den schulischen Leistungen innerhalb Deutschlands immer wieder ein Nord-Süd-Gefälle. Bei einem bundesweiten Vergleich der Fähigkeiten in Rechtschreibung und Lesen von 41000 Schülern der neunten Klassen lag Bayern in beiden Kompetenzen ebenso unangefochten vorn, während die Länder Hamburg, Brandenburg, Berlin und Bremen stets das Schlusslicht bildeten. Ein weiterer schulischer Erfolgspunkt: In Bayern liegen Kinder mit Migrationshintergrund mit ihren Leistungen teilweise um zwei Jahre vor deutschen Kindern in anderen Ländern.

Der Freistaat Bayern ist also ein denkbar ungeeignetes Objekt für Belehrungen in Schulangelegenheiten, wie diese von außerhalb der weiß-blauen Grenzen immer wieder zu hören sind. Schon allein wegen der allgemein bestätigten Qualität seines Schulwesens braucht Bayern keinen Vergleich zu scheuen. Auch bei internationaler Betrachtung positioniert sich der Freistaat im Spitzenfeld und deutlich über dem deutschen Durchschnitt. Bei einer Untersuchung der 30 wichtigsten Industriestaaten liegen bayerische Schüler in den Naturwissenschaften auf Rang vier, im mathematischen Bereich und im Leseverständnis jeweils auf Rang acht. Die entsprechende Platzierung des deutschen Durchschnitts: 14, 18 und 20.

Warum also starke politische Kräfte in Deutschland unverdrossen den Versuch unternehmen, das Schulwesen in Deutschland gleichzuschalten, bleibt unerfindlich. Nivellierung hat noch nie nach oben, sondern immer nach unten gewiesen. Um Einebnungen im Schulbereich zu erreichen, wird immer wieder der Versuch unternommen, den Ländern zu Gunsten des Bundes Zuständigkeiten wegzunehmen. Die mit verfassungsändernder Mehrheit 2006 beschlossene

Föderalismusreform II trennt klar die bildungspolitischen Zuständigkeiten von Bund und Ländern. Der Opposition in Berlin passt das längst nicht mehr. »SPD und Grünen geht es vor allem darum, dem Bund mehr Einfluss auf die Schulen zu geben«, stellte die *Süddeutsche Zeitung* in ihrer Ausgabe vom 31. Mai 2012 lapidar fest.

Das leistungsfähige Schulwesen setzt sich in einem leistungsfähigen Hochschul- und Wissenschaftsbereich fort. Der bayerische Landeshistoriker Ferdinand Kramer sieht in der Wissenschaftspolitik einen »eigenen Faktor« der Entwicklung des modernen Bayern: »Dieser Bereich war seit den Sechzigerjahren von einer gewaltigen Expansion gekennzeichnet. Strategische Schlüsselentscheidungen waren aber zum Teil schon zuvor gefallen, wobei die Universitäten in Würzburg und Erlangen und besonders die Ludwig-Maximilians-Universität und die Technische Universität in München die entscheidenden Kerne waren, etwa als es in den Fünfzigerjahren gelang, zwei Nobelpreisträger nach München zu berufen, Werner Heisenberg und Adolf Butenandt. Beide konnten nicht nur eigene Universitätsinstitute bei den Berufungsverhandlungen erwirken, sie hatten dann aufgrund ihrer Funktionen bei der Max-Planck-Gesellschaft auch maßgeblichen Anteil daran, dass Max-Planck-Institute in München und im Umland und schließlich auch die Zentrale in München angesiedelt wurden, mit beträchtlicher Sogwirkung für den Wissenschafts-, Technologie- und Wirtschaftsstandort München und Bayern.« Kramer sieht in der Innovationskraft der wissenschaftlichen Einrichtungen eine wichtige Keimzelle für den inneren Zusammenhalt und die Nachhaltigkeit des Modernisierungsprozesses in Bayern. Bei der Wissenschafts- und Kulturpolitik ging es nicht nur, wie der Historiker analysiert, um die Bedeutung von Wirtschaft, Technologie und Kultur, sondern auch um die enge Wechselwirkung dieser Bereiche für die Entwicklung des Landes. Kulturpolitik, so Kramer, war mehr als nur vordergründige Standortpolitik: »Kulturpolitik galt im Modernisierungsprozess Bayerns als wichtige Kraft zur Tradierung und Generierung von Werten und auch zur Fortentwicklung von Selbstverständnis und Identitäten als Grundlage für ein prosperierendes Land Bayern in einer sich rasch wandelnden Welt. In diesem Sinne ist auch die auf geistes- und kulturwissenschaftlicher Forschung beruhende Fortentwicklung der kulturellen Identität als eine wesentliche Grundlage für die Handlungsfähigkeit des Gemeinwesens und als ein elementarer Bestandteil der Landesentwicklung und Modernisierung Bayerns verstanden worden.«

Der »Rohstoff Geist«, für Bayern schon aus Mangel an sonstigen Bodenschätzen ein unschätzbarer Vorteil, erfuhr und erfährt im Freistaat nicht nur in einem breit gefächerten und jeden nach seinen Fähigkeiten aufnehmenden Schulwesen die angemessene und notwendige Förderung. Eine reiche Hochschullandschaft tut das Weitere. Zu den traditionsreichen Standorten München, mit seinen zwei Universitäten, Erlangen und Würzburg kamen Regensburg, Augsburg, Bamberg, Bayreuth und Passau hinzu. Neben diesen neun staatlichen Universitäten entstanden in den letzten Jahrzehnten, über das ganze Land verstreut und deshalb ein wichtiger Beitrag zu einer ausgeglichenen Verteilungsstruktur, 17 staatliche Fachhochschulen. Die Hochschule der Bundeswehr bereichert dieses akademische Angebot ebenso, wie dies die kirchlichen und die Kunsthochschulen tun. Dass Bayern im Reigen der deutschen Hochschulen im Wettbewerb der Exzellenzinitiative mit der Ludwig-Maximilians-Universität und mit der Technischen Universität in München zum zweiten Mal besonders strahlende Leuchttürme aufweist, stellt offensichtlich für Betrachter von außerhalb eine große Verlockung dar. Spätestens nach dem für das Jahr 2017 vorgesehenen Auslaufen der Exzellenzinitiative werde sich, so die Bundesregierung, »die Frage nach Standorten für Bundesuniversitäten stellen«. Die Staatsregierung hat auf die Ankündigung dieses Anschlags auf die föderalistische Ordnung der Bundesrepublik und dieses Griffs nach den »Kronjuwelen« der bayerischen Hochschullandschaft mit der gebotenen barschen Ablehnung reagiert. Die Zuständigkeit für die Bildung macht in besonderer Weise die Substanz der deutschen Länder aus. Bayern jedenfalls lässt an diesem Kernbestand seiner staatlichen Existenz nicht rütteln.

Neben Schulen und Hochschulen gehört auch ein breites Angebot in der Erwachsenenbildung zu den herausragenden Qualitätsmerkmalen bayerischer Bildungsmöglichkeiten. In so vielen Volkshochschulen wie in keinem anderen Land können sich die Menschen in Bayern fortbilden, nirgendwo sonst ist das Angebot an Kursen so groß. 189 Volkshochschulen registrierte das Statistische Bundesamt in Bayern, an denen – die Zahlen beziehen sich auf das Jahr 2009 –

117206 Kurse angeboten wurden. Auf dem zweiten Platz liegt Baden-Württemberg mit 174 Volkshochschulen und 115741 Kursen. Auffällig: Das bevölkerungsreichste Bundesland Nordrhein-Westfalen erreicht mit 135 Volkshochschulen und 102612 Lernangeboten nur den vierten Platz. Und noch einen ersten Platz nimmt Bayern unter den deutschen Ländern ein: Der Freistaat ist das Land mit den meisten Museen. Mehr als 1500 solche Einrichtungen hat das Bayerische Staatsministerium für Wissenschaft, Forschung und Kunst im Jahr 2011 registriert. Pro Jahr kommen mehr als 20 Millionen Besucher. Und weil das Angebot für Bildung und Information nicht groß genug sein kann: Im Dezember 2011 hat das Kabinett in München beschlossen, in Regensburg ein neues Museum für bayerische Geschichte zu schaffen.

Eine starke Wirtschaftskraft sowie ein leistungsfähiges und umfassendes Bildungsangebot tragen zur Attraktivität des Standorts Bayern in herausragender Weise bei. Die Menschen, die Tag für Tag aus deutschen Ländern oder aus dem Ausland nach Bayern kommen, um zu bleiben, finden hier Arbeit und Auskommen für sich und für ihre Kinder beste Bildungsmöglichkeiten. Die Wirtschaft und die Gesellschaft in Bayern wiederum finden umgekehrt den notwendigen qualifizierten Nachwuchs, am Arbeitsplatz und im sozialen Zusammenleben. Aber die Zuwanderer finden auch Sicherheit, mehr, als dies in anderen Ländern der Fall ist. Der Schutz von Leben und Eigentum, ein hohes Maß an innerer Sicherheit, ist in mehrfacher Hinsicht ein wichtiger Standortfaktor. Er ist es für die Menschen, die schon immer im Lande leben, er ist es für die, die sich entscheiden, in Zukunft dort ihre Heimat zu haben, und er ist es mehr und mehr auch für Unternehmer, die nach einem Platz Ausschau halten, wo sie ihr Unternehmen in umfassender Stabilität aufbauen können. So spielt bei allen Zuzugs-, Niederlassungs- und Investitionsentscheidungen die innere Sicherheit eines Landes eine wichtige Rolle.

Bayern liegt hier gut im Rennen und vor allen anderen Ländern. Der Schwerpunkt, den Bayerische Staatsregierungen seit Jahrzehnten auf die Gewährleistung eines Höchstmaßes an innerer Sicherheit legen, zahlt sich im bundesweiten und internationalen Wettbewerb aus. Dieser Vorteil und das Vertrauen, das die heimischen Bürger in ihren Staat und seine Einrichtungen haben, wiegt spielend mancherlei Kritik auf, die an einer angeblich überzogenen Law-and-Order-Politik geübt wird. Insgesamt liegt die Kriminalitätsziffer in Bayern um rund 30 Prozent niedriger als im gesamtdeutschen Durchschnitt. Dafür steht Bayern bei der Aufklärung ganz vorn: Sind es im Bundesdurchschnitt 56 Prozent der Straftaten, die aufgeklärt und einer Ahndung zugeführt werden, so sind es in Bayern 64,6 Prozent. Bei schweren Straftaten wie Raub macht Bayerns Polizei 68,5 Prozent der Täter dingfest, bundesweit sind es nur 52,6 Prozent. »Angesichts ihrer weit überdurchschnittlichen Anstrengungen im Bereich Sicherheit kann es kaum verwundern, dass die süddeutschen Länder Bayern und Baden-Württemberg im entsprechenden Zielgrößenbereich am erfolgreichsten sind«, resümierte die Bertelsmann-Stiftung im Jahr 2011 in einer Untersuchung über den Standortwettbewerb in Deutschland. In einer Studie der Europäischen Kommission sollten die Menschen den Satz »Ich fühle mich in dieser Stadt sicher« einer von 75 genannten Städten zuordnen. Die bayerische Landeshauptstadt München kam dabei, als erste deutsche Stadt, auf Platz fünf.

Wollte man die Eckpunkte der Entstehung des modernen Bayerns zusammenfassen, käme es, so Professor Ferdinand Kramer, zu folgender Aufzählung: »Staatliche Handlungsfähigkeit des Landes im föderalen System der Bundesrepublik Deutschland, eine hohe politische Stabilität, Ansiedlung bedeutender Unternehmen, große Finanzzuwächse, eine aktive Infrastrukturpolitik und eine aktive Bildungs-, Wissenschafts- und Innovationspolitik, die Dynamik von Zentren wie München oder Erlangen-Nürnberg-Fürth bei breit angelegter Erschließung des gesamten Landes, relativ günstige Voraussetzungen bei Strukturwandelprozessen in Südbayern, eine starke Zuwanderung, ein Wechsel von einer europäischen Randlage am Eisernen Vorhang in das Zentrum des Kontinents, eine in humanistischen Traditionen wertorientierte, auch auf die bayerische Geschichte und ihre Vernetzung in Europa ausgerichtete moderne Kultur- und Identitätspolitik, eine hohe Selbständigenquote haben die Modernisierung des Landes wesentlich mit geprägt.«

Alles in allem: Der Freistaat Bayern ist, an deutschen und europäischen Maßstäben gemessen, ein Standort von großer Stabilität und hoher Attraktivität. Bayerisches Selbstbewusstsein und bayerische Eigenstaatlichkeit haben ein starkes Fundament. Darauf lässt sich Zukunft bauen.

VII Bayern und der Länderfinanzausgleich
Ein Raubzug

Der Länderfinanzausgleich in seiner jetzigen Form ist ein dreifaches Unglück: Er schwächt die Länder, die zahlen, er lähmt die Länder, die empfangen, und er gereicht der Wirtschaft der Bundesrepublik Deutschland insgesamt zum Nachteil. Und in welchem Ausmaß der Freistaat Bayern ausgebeutet wird, dauerhaft und ohne Aussicht auf ein Ende, ist ein Skandal. Bis zum Jahr 2020 ist die derzeitige Praxis des Länderfinanzausgleichs festgeschrieben. Dass sich der Bayerische Ministerpräsident gegen eine solche Regelung mit Kräften wehrt, wie dies auch seine Vorgänger getan haben, liegt auf der Hand.

Seit seinem Amtsantritt beschäftigt dieses Thema Horst Seehofer; im Januar 2012 gab es einen erneuten Alarm- und Weckruf. Die Position des bayerischen Regierungschefs: »Solidarität und Eigenverantwortung müssen eine gesunde Balance haben. Diese Balance ist beim Länderfinanzausgleich in Gefahr.« Seehofer geht es nicht um das Ob des Finanzausgleichs: »Wer könnte dagegen sein, dass stärkere Länder die schwächeren unterstützen?« Aber die Höhe und die Strukturen des Finanzausgleichs seien für Bayern untragbar. Schon 2008 gab es, wie im Jahr 2011 noch immer, nur drei wesentliche Geberländer – nämlich Bayern, Hessen und Baden-Württemberg. Von diesen schulterte Bayern im Jahr 2011 mit 3,663 Milliarden Euro den – wiederum angestiegenen – Löwenanteil. Bayern verweist erbittert auf einen Sachverhalt, der im Freistaat zwangsläufig als besonderes Ärgernis empfunden wird: »Einige Nehmerländer im Finanzausgleich leisten sich trotz klammer Kassen eine Reihe staatlicher Wohltaten, die es in Bayern, Baden-Württemberg und Hessen so nicht gibt – vom kostenfreien Kindergartenjahr bis zum Verzicht auf Studiengebühren.« Schlussfolgerung und Schlussfrage des Bayerischen Ministerpräsidenten: »Solidarität darf Eigenverantwortung nicht ersetzen. Ist es wirklich richtig, dass in so hohem Maße der Finanzunterschied zwischen den Ländern ausgeglichen wird?«

Auch das agrarisch geprägte und industriearme Land Bayern war in den ersten Jahren und Jahrzehnten nach Gründung der Bundesrepublik Deutschland auf Mittel aus dem Länderfinanzausgleich angewiesen und hat die von anderen Ländern erhaltenen Hilfen auch stets dankbar registriert. Allerdings hat die bayerische Politik diesen Geldzufluss von außerhalb stets nur als Hilfe zur Selbsthilfe empfunden, als Ansporn zur Steigerung der eigenen Leistung. Das ehrgeizige Ziel war immer, möglichst bald nicht mehr auf diese Hilfe aus dem Länderfinanzausgleich angewiesen zu sein. Bayern setzte alles daran, von einem Nehmer- zu einem Geberland zu werden. Vor einem Vierteljahrhundert war dieses Ziel erreicht.

Der vorwurfsvollen Mahnung, Bayern habe doch auch vom Länderfinanzausgleich profitiert, müssen

Zahlen entgegengesetzt werden. Von 1950 bis 1986 erhielt der Freistaat Bayern aus Mitteln des Länderfinanzausgleichs insgesamt 3,4 Milliarden Euro. Fürwahr eine stolze Summe! Allerdings, und das ist die andere Seite der Wahrheit: Bis zum Jahr 2011 hat Bayern auf dem Wege des Länderfinanzausgleichs 38,268 (!) Milliarden Euro an andere Länder gezahlt. Für 2012 ist eine noch weiter ansteigende bayerische Zahlung zu erwarten.

Dass an der Ordnung und Gewichtung der Praxis des föderalistischen Finanzsystems der Bundesrepublik Deutschland etwas nicht stimmen kann, macht die aktuelle Wirklichkeit des Länderfinanzausgleichs deutlich. Auf die zahlenden Länder entfiel im Jahr 2011 eine Gesamtsumme von 7,3 Milliarden Euro. Davon erbrachte der Freistaat Bayern allein mehr als die Hälfte. Die beiden anderen großen gebenden Länder – aber mit deutlichem Abstand hinter Bayern – waren Hessen mit 1,804 Milliarden Euro und Baden-Württemberg mit 1,779 Milliarden Euro. Der Stadtstaat Hamburg war mit 62 Millionen Euro auch noch auf der Geberseite.

An einem föderalistischen Finanzausgleichssystem zwischen 16 Ländern kann nicht nur von seiner Dimension her etwas nicht stimmen, wenn – wie es 2011 der Fall war – 12 Länder kassieren und 4 zahlen. Sollten wirklich drei Viertel der deutschen Länder so kränkeln und schwächeln, dass sie unbedingt auf die finanzielle Hilfe des verbleibenden Viertels angewiesen sind? Wäre dies so, eine Diskussion über eine Neuordnung der deutschen Länder wäre dringend und überfällig. Wenn dem aber nicht so ist, dann zeigt sich umso zwingender, dass der Länderfinanzausgleich nicht fortgesetzt werden kann und darf. Es leuchtet ein, dass ostdeutsche Länder nach wie vor auf besondere Hilfen angewiesen sind, auch wenn sich hier mehr als zwei Jahrzehnte nach der Wiedervereinigung die Frage stellt, ob alles so bleiben muss, wie es ist. Warum aber Bayern, Baden-Württemberg und Hessen westdeutsche Länder wie Rheinland-Pfalz, Schleswig-Holstein, Niedersachsen oder gar Nordrhein-Westfalen auf dem Weg des Länderfinanzausgleichs subventionieren müssen, bleibt unerfindlich.

Bayern kann seine gigantischen Zahlungen in den Länderfinanzausgleich nur leisten, weil es sich selbst einer sparsamen und soliden Haushaltspolitik befleißigt, zu der es in keinem anderen der 15 Länder Vergleichbares gibt. Bayern weist mit gutem Grund und nicht ohne Bitterkeit darauf hin, dass sein Beitrag zum Länderfinanzausgleich rund 10 Prozent eines bayerischen Jahresetats ausmache – nicht ohne den Stoßseufzer anzufügen, was mit diesem Geld alles in Bayern und für die Bayern gemacht werden könne!

Der Länderfinanzausgleich ist Teil des bundesstaatlichen Ausgleichssystems, wie es im Artikel 107 des Grundgesetzes festgelegt ist. Hier wird die Verteilung der Steuereinnahmen in Deutschland geregelt. Es geht um das Prinzip des örtlichen Aufkommens bei der Einkommen- und Körperschaftsteuer, um die Beteiligung von Bund, Ländern und Gemeinden an den gemeinschaftlichen Steuern, die spezielle Verteilung des Länderanteils am Umsatzsteueraufkommen und schließlich um den Finanzausgleich unter den Ländern sowie um die Möglichkeit für den Bund, leistungsschwachen Ländern Bundesergänzungszuweisungen zu gewähren. Vom gesamten Steueraufkommen in Deutschland steht der größte Anteil Bund, Ländern und Gemeinden gemeinsam zu. Neben diesen Gemeinschaftssteuern kommt ein kleinerer Teil den jeweiligen Gebietskörperschaften unmittelbar zugute.

Im Jahr 2010 betrug in ganz Deutschland das Steueraufkommen 530,5 Milliarden Euro. Das größte Stück dieses Kuchens – 372,5 Milliarden Euro – entfiel auf die Gemeinschaftssteuern wie Einkommen- und sonstige Ertragsteuern und Umsatzsteuer. Die reinen Bundessteuern, insbesondere Verbrauchsteuer und Kfz-Steuer, machten 93,4 Milliarden Euro aus, die reinen Ländersteuern – zum Beispiel Grunderwerb- oder Erbschaftsteuer – 12,1 Milliarden Euro. Die Gemeindesteuern erreichten eine Höhe von 47,8 Milliarden Euro, aus Zöllen der Europäischen Union kamen 4,3 Milliarden Euro.

Die Gemeinschaftssteuern stehen aufgrund gesetzlicher Regelungen je nach Steuerart mit unterschiedlichen Anteilen den einzelnen Gebietskörperschaften zu. So erhielten von den 159,1 Milliarden Lohn- und Einkommensteuer im Jahr 2010 Bund und Länder jeweils 42,5 Prozent, die Kommunen 15 Prozent. Die Körperschaftsteuer (12 Milliarden) und die Kapitalertragsteuer (13 Milliarden Euro) wurden zwischen Bund und Ländern jeweils zur Hälfte geteilt. Von den 8,7 Milliarden Euro der Zinsabschlagsteuer gingen je 44 Prozent an Bund und Länder und 12 Prozent an die Gemeinden. Eine Sonderrolle unter den Gemeinschaftssteuern spielt die Umsatzsteuer, die 2010 ein Aufkommen von 180 Milliarden Euro erreichte. Hier gibt es zwischen Bund und Ländern Spiel- und Streiträume, weshalb es immer wieder zur Veränderung des Verteilungsschlüssels kommt, die durch einfaches Bundesgesetz, das Finanzausgleichsgesetz, mit Zustimmung des Bundesrats erfolgt. Die aktuelle Verteilung weist dem Bund vorab – wegen der Arbeitslosenversicherung – 4,45 Prozent zu, vom Rest vorab noch einmal, wegen der Rentenversicherung, 5,05 Prozent. Vom großen Rest der Umsatzsteuer treffen 49,7 Prozent auf den Bund und 50,3 Prozent auf die Länder.

Auch bei der Verteilung der Umsatzsteuer gibt es, bevor es noch zum eigentlichen Länderfinanzausgleich kommt, eine besondere Verteilungsregelung, einen Umsatzsteuerausgleich. Die Umsatzsteuer wird von den Ländern eingenommen, aber auch vom Bund in Form der Umsatz-Einfuhrsteuer. Das bedeutet, dass eine genaue regionale Zuordnung dieser Steuer, weil dazu der Ort des Endverbrauchs festgestellt werden müsste, nicht möglich ist. Deshalb wird der Länderanteil an der Umsatzsteuer nach den jeweiligen Einwohnerzahlen aufgeteilt. Allerdings tritt auch hier ein zusätzlicher Ausgleichsmechanismus zu Gunsten der schwachen und zu Lasten der starken Länder in Kraft.

Das bedeutet, dass der Freistaat Bayern, ehe noch der Länderfinanzausgleich zugreift, der – man muss die Zahl wiederholen! – 3,663 Milliarden Euro im Jahr 2011 erreichte, auch bei diesem Umsatzsteuerausgleich kräftig zur Kasse gebeten wird. Je Einwohner hatte hier im Jahr 2010 Bayern 123 Euro wegzuverteilen, was einer wiederum beachtlichen Gesamtsumme von 1,545 Milliarden Euro entspricht. Insgesamt hat der Freistaat also für den bundesstaatlichen Finanzausgleich jährlich weit über fünf Milliarden Euro aufzubringen.

Hinzu kommt, dass Bayern auch bei den Bundesergänzungszuweisungen, von denen nicht nur die ostdeutschen, sondern auch westdeutsche Länder dauerhaft profitieren, selbstverständlich leer ausgeht. Sogenannte Fehlbetrags-Bundesergänzungszuweisungen erhält jedes Empfängerland im Länderfinanzausgleich in Höhe von 77,5 Prozent des noch zu 99,5 Prozent des Länderdurchschnitts fehlenden Betrags. Solche Ergänzungszuweisungen erhielten 2010 beispielsweise Nordrhein-Westfalen (122 Millionen Euro), Niedersachsen (125 Millionen Euro), Rheinland-Pfalz (142 Millionen Euro), Saarland (155 Millionen Euro) und – in Rekordhöhe – Berlin (907 Millionen Euro). Damit nicht genug, und wieder soll der Blick nur auf westdeutsche Länder gerichtet werden: Besondere Ergänzungszuweisungen des Bundes gibt es auch zum Ausgleich »überproportionaler Kosten politischer Führung«. Hier fallen jährlich feste Kosten zwischen 26 Millionen und 61 Millionen Euro an. Auch bei diesen Sonderzuweisungen werden nicht nur ostdeutsche, sondern auch westdeutsche Länder fleißig bedacht: 26 Millionen Euro erhält Rheinland-Pfalz, 53 Millionen Euro Schleswig-Holstein, 63 Millionen Euro das Saarland, 60 Millionen Euro Bremen und 43 Millionen Euro Berlin. Schon die Rubrik, unter der diese Zuweisungen laufen – »überproportionale Kosten politischer Führung« – lässt den Gedanken an eine gründliche Überprüfung der Sinnhaftigkeit dieses Postens aufkommen.

Festgelegt wurde diese absonderliche Ausgleichsleistung »überproportionale Kosten politischer Führung« bei Einführung des Länderfinanzausgleichs vor mehr als sechzig Jahren. Vor allem Stadtstaaten, die im Grunde über den gleichen politischen Apparat wie größere und große Flächenstaaten verfügen, sollten angesichts ihres eigenen bescheidenen Steueraufkommens mit diesen Mitteln zu angemessener Regierungsrepräsentanz in die Lage versetzt werden. Im Jahr 2001, als der Länderfinanzausgleich reformiert und in seiner heutigen – für Bayern verhängnisvollen und nicht voraussehbaren – Form vereinbart wurde, hatte sich die finanzielle Situation in den Ländern völlig verändert. Deshalb gab es Überlegungen, diesen Sonderposten abzuschaffen. Sie scheiterten aber an dem in der Bundesrepublik Deutschland besonders ausgeprägten Besitzstandsdenken. So wurden zwar die »überproportionalen« Mittel insgesamt leicht gekürzt, dafür aber wurde der Kreis der Empfängerländer ausgedehnt.

Sonder-Ergänzungszuweisungen des Bundes, in ihrem Kern, nicht aber in ihrer Höhe und Dauer unumstritten, sind die Ausgleichzahlungen für teilungsbedingte Lasten für die neuen Länder. Für sie einschließlich des Landes Berlin ist mit dem im sogenannten Solidarpakt II festgeschriebenen Finanzausgleich ein hohes Maß an finanzieller Sicherheit bis 2019 gegeben. Von 2005 bis 2019 werden hier Leistungen des Bundes von zusammen rund 156 Milliarden Euro ausgebracht. Angesichts eines in den vergangenen mehr als zwei Jahrzehnten in den neuen Ländern vielfach erreichten vorzüglichen Ausbauzustands der Infrastruktur und eines ebenso deutlichen Infrastrukturdefizits in vielen westdeutschen Regionen bricht die Debatte darüber los, ob denn der Solidarpakt II in seinen inhaltlichen und zeitlichen Dimensionen nicht reduziert werden könne. In diesem Kontext wird ebenso darüber debattiert, ob nicht auch der eng mit dem Solidarpakt zusammenhängende und von den Steuerzahlern aufzubringende Solidaritätszuschlag erheblich verringert oder gar ganz abgeschafft werden solle.

Alles in allem hat der Bund durch den Solidaritätszuschlag bis zum Ende des Jahres 2010 knapp 200 Milliarden Euro eingenommen. Die Steuerzahler aus Bayern sind – wen kann es noch überraschen? – mit einem gewaltigen und überdurchschnittlich großen Batzen dabei. 34,5 Milliarden Euro sind auf diesem Wege aus Bayern abgeflossen. Stellt man dem gegenüber, dass in den fünf neuen Ländern plus Berlin 18,6 Milliarden Euro Solidaritätszuschlag erbracht wurden, also zusammen kaum mehr als die Hälfte der bayerischen Leistung, so verlangt auch dieses Missverhältnis aus bayerischer Sicht ein schnelles Ende.

Im längerfristigen Vergleich hat sich der Länderfinanzausgleich insgesamt und für die einzelnen Länder gravierend verändert – verändert vor allem zu Lasten des Freistaats Bayern. Nach der deutschen Wiedervereinigung wurde der Finanzausgleich unter den alten und den neuen Ländern zunächst getrennt durchgeführt. Bis zum Jahr 1994 erhielten die neuen Länder ersatzweise Mittel aus dem weitgehend kreditfinanzierten Fonds »Deutsche Einheit«. Seit 1995 gibt es ein einheitliches System, das bis 2019 vereinbart worden ist. Blickt man auf die Geberseite des Länderfinanzausgleichs, so zeigt sich, dass hier die beiden anderen starken Zahler Baden-Württemberg und Hessen eine deutliche Erleichterung erfahren konnten, während der Freistaat Bayern mit einer massiv steigenden Belastung zu kämpfen hat. Musste Baden-Württemberg im Jahr 2008 noch 2,5 Milliarden Euro aufbringen, so waren es im Jahr 2011 nur noch 1,779 Milliarden Euro. Ähnlich positiv bergab ging es für Hessen: Musste das Land 2008 noch 2,5 Milliarden Euro in den Länderfinanzausgleich zahlen, waren es 2011 nur noch 1,804 Milliarden Euro. Umgekehrt verlief der Trend im Freistaat Bayern. Hatten die bayerischen Steuerzahler 2008 für den Länderfinanzausgleich »erst« 2,9 Milliarden Euro für andere Länder aufzubringen, waren es im Jahr 2011 die bekannten 3,663 Milliarden Euro. Dass dieses Thema Bayern nicht ruhen lassen kann, ist selbstverständlich.

Zu den Milliardenzahlungen beim Länderfinanzausgleich und beim Umsatzsteuerausgleich kommen noch weitere gewaltige Leistungen, die von Bayern zu Gunsten anderer Länder erbracht werden. So wäre es geradezu eine Überraschung, wenn Bayern bei der Finanzierung des deutschen Gesundheitswesens nicht auch weit überdurchschnittlich zur Kasse gebeten würde. Diese Überraschung gibt es leider nicht: Bayern, genauer gesagt die Menschen in Bayern, die ihre Krankenkassenbeiträge zahlen, sind mit einem jährlichen Beitrag von 1,7 Milliarden Euro in den bundesweiten Gesundheitsfonds dabei. Auch das gilt in anderen Ländern als pure Selbstverständlichkeit. Bayerische Klagen über diesen Zustand werden als überflüssig, unangebracht und unverständlich abgetan. Nur der

Vollständigkeit halber sei darauf hingewiesen, dass auch der Bayerische Rundfunk aus dem bayerischen Gebührenaufkommen über seine Leistungen zum ARD-Gemeinschaftsprogramm hinaus einen Finanzausgleich zur Erhaltung eigentlich nicht lebensfähiger Sender zu erbringen hat.

Alle Versuche des Freistaats Bayern, mit Verhandlungen, wenn es denn überhaupt ernsthaft zu solchen gekommen ist, zu einer friedlichen Lösung mit den anderen Ländern zu gelangen, sind gescheitert. Zu eindeutig sind die Mehrheitsverhältnisse: Weniger als einer Handvoll Zahlern steht ein Dutzend Empfänger gegenüber, die keinerlei Veranlassung sehen, an dem für sie äußerst bequemen Zustand etwas zu ändern. Dabei ist dieser Zustand für die Nehmerländer nur dem Anschein nach hilfreich. Auf Dauer nämlich bringt er den Empfängerländern des Finanzausgleichs keinen Nutzen, sondern er schadet ihrer wirtschaftlichen Leistungskraft, ihrem Wachstum und ihrem Arbeitsmarkt.

Der Freistaat Bayern hat seine Zeit als Nehmerland im Rahmen des Länderfinanzausgleichs immer als vorübergehend gesehen. Die Staatsregierung in München betrachtete die solidarische Hilfe, die der Freistaat von den anderen Ländern erfuhr, stets als Auftrag und Aufforderung, durch eigene Leistung und Anstrengung diesen Empfängerstatus zu überwinden. Zumindest bei einigen der heutigen Empfängerländer hat man diesen Eindruck überhaupt nicht. Da der Länderfinanzausgleich gewissermaßen garantiert, dass ein Land nicht pleitegehen kann, scheinen manchen Landesregierungen eigene Bemühungen, ihre defizitäre Existenz zu beenden, keineswegs dringend – vor allem auch deshalb nicht, weil dann ja massiv gespart werden müsste, was wiederum bei den betroffenen Landeskindern im Allgemeinen wenig Freude hervorruft. So hat sich beispielsweise in Jahrzehnten – trotz des Profitierens vom Länderfinanzausgleich – im Stadtstaat Bremen ein Schuldenstand von atemberaubender Höhe aufgebaut: An die 27000 Euro sind es je Einwohner. Damit erreicht die Hansestadt nahezu den Verschuldungsstand, den das zahlungsunfähige Griechenland aufweist!

Unter Wirtschafts- und Finanzwissenschaftlern besteht weithin Übereinstimmung, dass durch den Länderfinanzausgleich im engeren Sinne und durch die anderen Ausgleichsleistungen in den Nehmerländern der Anreiz abgetötet oder zumindest stark gedämpft wird, durch eigene Ideen und Anstrengungen aus dem Dauerstatus des Existierens auf Kosten anderer herauszukommen. Einerseits haben Länder, die mit dem sicheren Geld von anderswo rechnen können, keine zwingende Notwendigkeit, massiv zu sparen und die eigenen Kosten zu senken. Andererseits fehlt auch der Anreiz, weil ja dann die Einnahmen aus dem Finanzausgleich zurückgehen oder gar ganz verschwinden würden. Die Schlussfolgerung: Das derzeitige System des Länderfinanzausgleichs ist absolut wettbewerbsfeindlich. So ist es auch kein Zufall, dass die staatlichen Transferleistungen dort am höchsten sind, wohin die meisten Mittel aus dem Länderfinanzausgleich fließen, und dort am niedrigsten, wo die größten Leistungen für den Finanzausgleich erbracht werden. So lag der Anteil der Hartz-IV-Empfänger an der erwerbsfähigen Bevölkerung von 15 bis 65 Jahren im Dezember 2010 in Bayern bei 5,0 und in Baden-Württemberg bei 5,7 Prozent, während er in Bremen 18,2 Prozent, in Sachsen-Anhalt 18,5 Prozent und beim Rekordhalter Berlin 21,3 Prozent betrug.

Von Bayern und der bayerischen Politik wird seit Jahrzehnten unentwegt der Gedanke eines Wettbewerbsföderalismus vorgetragen und verfolgt. Von München aus wird Föderalismus nicht als einebnende Gleichmacherei, sondern als eine auf die jeweils eigene Leistung gegründete Ordnung eines kraftvollen Wettbewerbs gesehen. Dabei ist der staatliche Aufbau der Bundesrepublik Deutschland im Grunde genommen genau auf der Idee dieses aus der föderalistischen Vielfalt kommenden Wettstreits aufgebaut. »Je dezentraler ein Staat territorial gegliedert ist und je umfassender die Kompetenzen nachgeordneter Gebietskörperschaften sind, desto kräftiger fällt dieser Wettbewerb aus, desto stärker konkurrieren die Gebietskörperschaften miteinander, desto mehr müssen sie sich anstrengen, und desto mehr können sie ihren eigenen Erfolg beeinflussen«, schreiben Professor Norbert Berthold und Holger Fricke von der wirtschaftswissenschaftlichen Fakultät der Bayerischen Julius-Maximilians-Universität Würzburg in einer Untersuchung mit dem Titel *Föderalismus und Wachstum – eine vernachlässigte Beziehung.* Die beiden Wissenschaftler, die sich den Themen Föderalismus und Länderfinanzausgleich intensiv widmen, sehen im Wettbewerb der Länder auch ein wichtiges Motiv für die handelnden Politiker, tätig zu werden und sich etwas einfallen zu lassen, um Vertrauen und Zustimmung der Menschen nicht zu verlieren: »Stehen Gebietskörperschaften im Wettbewerb zueinander, so sehen sich politische Entscheidungsträger als Agenten ihrer Wähler in den jeweiligen Gebietskörperschaften einem stärkeren Effizienzdruck ausgesetzt. Bei Misserfolg droht eher eine Bestrafung als ohne institutionellen Wettbewerb.« Denn: Bürger und Kapitalgeber könnten vergleichen, was einzelne Gebietskörperschaften ihnen bieten. Die Leistungen von Politikern ließen sich auch beurteilen, indem die erreichten Ergebnisse mit denen anderer Regionen verglichen würden. Deshalb: »Ein wettbewerblicher Föderalismus motiviert politische Entscheidungsträger, den Marktmechanismus nicht zu beeinträchtigen, öffentliche Leistungen effizient und effektiv bereitzustellen, dabei auch nach innovativen Wegen zu suchen und Spielräume, die sich an lokalen Gegebenheiten orientieren, auszunutzen. Da sämtliche dieser Effekte zumindest theoretisch mit einem höheren wirtschaftlichen Wachstum verbunden sind, sollte sich Standortwettbewerb in Form eines dezentralen, wettbewerblichen Föderalismus auch insgesamt positiv auswirken.«

Dieser Wettbewerb wird in der Bundesrepublik Deutschland durch eine überzogene Praxis des Ausgleichs, der Einebnung und der Gleichmacherei außer Kraft gesetzt. Der wirtschaftliche Erfolg der einzelnen Länder wird zu sehr belastet, Politiker sind versucht, auf Kosten der kommenden Generationen zu handeln – und sie tun das auch. »Falsche«, weil überholte und nicht zu haltende Arbeitsplätze werden gerettet, schlecht wirtschaftende Unternehmen werden unterstützt. Die Wissenschaftler Berthold und Fricke dazu: »Um die wirtschaftliche Dynamik zu erhalten, dürfen staatliche Eingriffe jedoch nur so wenig wie möglich den Marktmechanismus beeinträchtigen. Insbesondere müssen Anreizstrukturen intakt bleiben und das Sanktionssystem funktionieren, indem ökonomischer Erfolg belohnt und Versagen am Markt bestraft wird. Hierfür darf der Staat dem Erfolgreichen nicht zu viel wegnehmen oder die Last wirtschaftlicher Misserfolge zu sehr abmildern. In dem Maße, wie die Allgemeinheit für privatwirtschaftliche Fehler einsteht, verringert sich für Private der Anreiz, Fehler und Verschwendung zu vermeiden.« In der hierzulande praktizierten Art des Föderalismus sehen Berthold und Fricke diese Möglichkeiten und Antriebskräfte des Wettbewerbs nicht gegeben: »Die Bundesrepublik Deutschland steht exemplarisch für föderale Ordnungen, die korporativ statt wettbewerblich und markterhaltend gestaltet sind und von negativen Effekten begleitet werden. So ermöglichen es korporatistische Lösungen, Lasten zu überwälzen, Verantwortlichkeiten durch Steuerverbund, Mischfinanzierungen und Gemeinschaftsaufgaben zu verwischen. Überschuldung, hohe Arbeitslosigkeit und eine sich verschärfende Krise des Sozialstaates sind die Folgen.«

Die einzelnen deutschen Länder können, wie die Würzburger Wissenschaftler nachgewiesen haben, zu einem beachtlichen Teil selbst beeinflussen, wie dynamisch sich Wirtschaft und Beschäftigung in den jeweiligen Regionen entwickeln. Im Wettbewerb um mobile Produktionsfaktoren, um qualifizierte Arbeitskräfte und Investitionen sind die Länder unterschiedlich erfolgreich. Abzulesen ist dieser Erfolg auch an der Attraktivität, die ein Land auf die Menschen in anderen Ländern ausübt. Bayern beweist hier mit seiner hohen Zuwanderungsrate aus dem Inland und dem Ausland Tag für Tag, wie nicht häufig genug wiederholt werden kann, dass es deutlich aus dem Rahmen des in Deutschland Üblichen fällt.

Dennoch stellt der Länderfinanzausgleich über die unmittelbar von den Geberländern zu erbringenden Milliardenaufwendungen eine zusätzliche indirekte Belastung dar. Je weniger ein Land von etwaigen Steuermehreinnahmen behalten kann, so schlussfolgern Berthold und Fricke, desto weniger attraktiv ist es aus fiskalischer Sicht, die eigenen Steuereinahmen zu pflegen und wirtschaftliche Aktivitäten zu fördern. Probleme entstünden grundsätzlich dann, wenn die Länder zwar einerseits Kosten von Aktivitäten zu tragen hätten, beispielsweise bei der mit erheblichen Infrastrukturaufwendungen verbundenen Standortförderung, andererseits jedoch wegen des Zugriffs des Finanzausgleichs nur zu einem geringen Teil in den Genuss der daraus stammenden Steuererträge gelangten. Auf Länderebene spreche sehr viel dafür, dass viele Regierungen nicht alles tun, was wachstumsfördernd wirke, und dass hierfür der Länderfinanzausgleich eine wichtige Rolle spiele. Der Freistaat Bayern freilich kennt diese Zurückhaltung nicht – sein ebenso beispielloser wie beispielhafter wirtschaftlicher Aufstieg spricht deutlich für diese Wertung.

Alarmierend sind die Ergebnisse, zu denen Professor Berthold und Holger Fricke bei ihren Untersuchungen darüber kommen, welche Auswirkungen der Finanzausgleich auf das Wirtschaftswachstum in den einzelnen Ländern und in der Bundesrepublik Deutschland insgesamt hat. Akribisch und mit überzeugenden Modellrechnungen weisen sie nach, dass der Länderfinanzausgleich das mögliche Wirtschaftswachstum erheblich reduziert. Alles in allem: Von diesem Minus sind besonders diejenigen Länder betroffen, die einerseits hohe Zahlungen erhalten oder andererseits leisten müssen. Dadurch werden vor allem die neuen Länder besonders geschädigt, weil ihnen durch die großen Ausgleichszahlungen der Impuls und der Antrieb fehlen, die Möglichkeiten der eigenen Region voll und ganz auszuschöpfen. Das Fazit: Die Bundesrepublik Deutschland kostet der horizontale Finanzausgleich pro Jahr rund ein Prozent Wirtschaftswachstum. Wie sehr dies ins Gewicht fällt, ist daran abzulesen, dass angesichts der nach wie vor ungelösten Euro-Schuldenkrise für das Jahr 2012 in Deutschland nur noch mit einem Wachstum von kaum mehr als einem Prozent gerechnet wird. Umgekehrt würde sich jede Verringerung des Länderfinanzausgleichs in einen Wachstumsschub umwandeln: Ähnlich positiv fielen die Auswirkungen auf den Arbeitsmarkt mit einem signifikanten Rückgang der Arbeitslosigkeit aus.

Seit der Verabschiedung des Grundgesetzes und der Gründung der Bundesrepublik Deutschland ist der auf dem Gebiet der Gesetzgebung zu verzeichnende Kompetenzverlust der Länder geradezu zu einem »Kernbestandteil der für die deutsche Staatspraxis charakteristischen Konzentration staatlicher Aufgaben beim Bund« geworden, analysiert Sigrid

Boysen in ihrem Werk *Gleichheit im Bundesstaat*. Das im Grundgesetz von 1949 verankerte Trennsystem, das die Eigenständigkeit der Länder bewahren sollte, ist, so das Untersuchungsergebnis der Autorin, de facto durch ein weitreichendes Verbundsystem ersetzt worden. Nicht einmal die Steuern, deren Ertrag ihnen zusteht – Beispiel Erbschaftsteuer –, können die Länder selbst gesetzlich regeln, was ihre eigenständige Verfügungsgewalt über die Höhe ihrer Einnahmen ausschließt. Die deutsche Staatspraxis sei durch eine nahezu vollständige Verdrängung der Länder auf dem Gebiet der Gesetzgebungskompetenz und eine umfassende Beschneidung ihrer Handlungsspielräume auf dem Gebiet des Gesetzesvollzugs geprägt. Zum Ende ihrer Untersuchung kommt Sigrid Boysen zu dem Ergebnis, dass im Spannungsfeld zwischen Föderalismus und Unitarismus in der deutschen Verfassungspraxis die systemerhaltende Balance zwischen den beiden Fundamentalprinzipien durch eine nachhaltige Schwächung des Föderalismus gestört ist. Als Folge vollzieht sich eine schleichende Annäherung des Bundesstaates an den Einheitsstaat.

Woher und von wem kann also der Freistaat Bayern mit Hilfe rechnen, die föderalistische Idee und damit die Position der Länder zu stärken? Wer tritt Bayern im Kampf zur Seite, dem untragbaren und ungerechten Zustand des Länderfinanzausgleichs in seiner gegenwärtigen Form ein Ende zu machen, zumindest aber zu einschneidenden Veränderungen zu kommen?

Um diesen Raubzug gegen Bayern und den damit verbundenen Dauerskandal zu beenden, bedarf es eines Paukenschlags. Ein möglicher Vorschlag: Die

Bayerische Staatsregierung erklärt verbindlich, sie werde die Zahlungen des Freistaats in den Länderfinanzausgleich zum nächsten 1. Januar einstellen. Oder noch besser: umgehend.

VIII Schottischer Exkurs
Wie man es machen kann

Ein bemerkenswertes Szenario für die Europäische Union in der zweiten Hälfte des ersten Jahrzehnts in unserem Jahrhundert: »Nach einem positiven Unabhängigkeitsreferendum und zweijährigen Unterredungen mit London scheidet Schottland, seit Jahren regiert von der Scottish National Party (SNP), aus dem Vereinigten Königreich aus. Schottlands Weg zur Staatlichkeit verlief kurz und schmerzlos. Anders in Belgien: Dort hatten langwierige Verhandlungen, häufig zerbrechende Regierungen mit bis zu sieben Parteien und zahlreiche Staatsreformen das Ende des Gemeinwesens immer wieder hinausgeschoben, bis sich auch die letzten Anhänger eines einigen Belgiens wegen ständiger Handlungsblockaden von ihrem längst klinisch toten Staat verabschiedeten. Anders auch in Spanien, wo nach dem Wahlsieg der zentralistischen Volkspartei vom Herbst 2011 die Frustration der Katalanen in den Ruf nach Selbständigkeit umschlug. Der erbitterte Gegensatz zwischen Madrider Verfechtern einer ehernen Einheit und katalanischen Befürwortern einer vollständigen Loslösung von Spanien hat auf der Iberischen Halbinsel eine staatsrechtliche Dauerkrise hervorgerufen. So oder so ähnlich könnte sich die Situation in der EU darstellen, wenn im Laufe der nächsten Jahre zentrifugale und separatistische Kräfte zum Zerfall von Staaten führen und innereuropäische Grenzen wieder in Bewegung versetzen.«

Nicht nationalistischer Eifer oder separatistische Unverdrossenheit hat dieses Bild entworfen. Es stammt vielmehr, Veröffentlichungszeitpunkt November 2011, von der Stiftung Wissenschaft und Politik (SWP) in Berlin, einem hoch angesehenen politischen Analyse- und Beratungsunternehmen. Unter dem warnenden Motto *Ungeplant ist der Normalfall* werden zehn mögliche Situationen erörtert, die politische Aufmerksamkeit verdienen. Auch wenn die Stiftung in einem Vorwort vorsorglich darauf hinweist, dass Szenarien keine Prognosen, sondern lediglich Skizzen möglicher Entwicklungen sind – »sie können sich einstellen, müssen dies aber nicht«. Die Wissenschaftler Kai-Olaf Lang und Nicolai von Ondarza stellen ihr Thema unter die Überschrift »Die Rückkehr beweglicher Grenzen? Sezession und Unabhängigkeitsbestrebungen in der Europäischen Union«. Die beiden Autoren entwickeln ihre Überlegungen vor dem Hintergrund von regionalen Bewegungen, die für mehr Unabhängigkeit in einzelnen Mitgliedstaaten der Europäischen Union agieren, deutlich an Zulauf gewonnen haben und im politischen Establishment der jeweiligen Hauptstädte für anhaltende Unruhe sorgen.

Am weitesten ist die Entwicklung in Großbritannien fortgeschritten, wo an den Grundfesten des seit 1707 »Vereinigten Königreiches« mit Kräften und mit Erfolg gerüttelt wird. Bei der letzten Wahl haben die schottischen Nationalisten im Parlament von Edinburgh die absolute Mehrheit gewonnen, für die zweite Hälfte der Legislaturperiode hat ihr Führer, Ministerpräsident Alex Salmond, ein Referendum über die Unabhängigkeit Schottlands angekündigt. Über dessen Durchführung kann er mit seiner eigenen Mehrheit frei entscheiden, andere Parteien können ihn nicht daran hindern. Schon gar nicht die Konservativen und Labour, die zwar in London abwechselnd regieren mögen, im politischen Spiel Schottlands aber nur die Rolle einflussloser Minderheiten haben.

Gegründet wurde die Scottish National Party (SNP) im Jahr 1934; sie ging aus einem Zusammenschluss der »National Party of Scotland« und der »Scottish Party« hervor. Nach langen mageren Jahren erreichte sie erstmals bei den Unterhauswahlen des Jahres 1966 5 Prozent der Stimmen. Ihren Durchbruch erzielte die Partei in den Siebzigerjahren mit dem eingängigen Slogan »It's Scotland's oil«, mit dem sie das vor der Küste des Landes gefundene Nordseeöl für Schottland forderte – Schottland könne dadurch, so das Argument, von einer auf Subventionen angewiesenen Region zu einem der reichsten Länder Europas werden. Eine neue Ära des Erfolgs der Partei setzte 2004 ein, als Alex Salmond zum Vorsitzenden gewählt wurde.

»Lasst uns Schottland zu Wohlstand und Unabhängigkeit führen« – mit dieser Parole hat Salmond die SNP zur bestimmenden politischen Kraft im Lande gemacht. Bei der Wahl des schottischen Regionalparlaments am 5. Mai 2011 errangen die schottischen Nationalisten, von ihrem Programm her eine sozialdemokratisch ausgerichtete Partei, einen Erdrutschsieg. Konservative und Liberaldemokraten, die in London das Vereinigte Königreich regieren, kamen zusammen auf gerade einmal 20 Prozent. Die Labour Party, einst in Schottland stärkste Partei, musste sich mit 29 Prozent der Stimmen begnügen. Die Scottish National Party räumte ab: Mit 45 Prozent der Stimmen kam sie auf 54 Prozent der Mandate und erreichte damit eine üppige absolute Mehrheit im schottischen Parlament. Die Wiedereinführung dieses schottischen Parlaments im Jahr 1999 – das letzte schottische Parlament war im Jahr 1707 im Rahmen des »Act of Union« mit dem britischen Parlament »zusammengelegt« und faktisch abgeschafft worden – war der bis dahin größte politische Erfolg der Scottish National Party. Er wurde erreicht im Rahmen der von Premierminister Tony Blair durchgeführten Dezentralisierung der politischen Macht in Großbritannien, der sogenannten Devolution. Der Tagungsort der schottischen Abgeordneten ist durch seine Lage und seine radikale Architektur Ausdruck eines starken Selbstbewusstseins: Das Parlamentsgebäude, vom katalanischen Architekten Enric Miralles entworfen und mit einem markanten Dach in Form eines umgedrehten Schiffes gebaut, hat seinen Platz direkt gegenüber von Holyrood Palace, der offiziellen Residenz der englischen Königin in der schottischen Hauptstadt Edinburgh.

Die schottische Volksvertretung hat eher mehr Macht als beispielsweise die Parlamente der deutschen Länder. Schottland ist zuständig für Gesundheit, Erziehung, Umwelt, innere Sicherheit, Tourismus, Landwirtschaft und vieles andere mehr. Schottland verfügt über eine eigene Flagge und eigene Pfundnoten, es verfügt über eigene Nationalmannschaften, ob im Fußball oder im Rugby, es ist stolz auf seine eigene Sprache. Allerdings – entscheidende politische Bereiche wie soziale Sicherheit, Arbeitsmarkt und Energie, vor allem aber die Finanz-, Außen- und Wirtschaftspolitik, liegen in der Zuständigkeit der Zentralregierung in London. Auch diese bevormundende Festlegung wollen Salmond und seine Partei nicht länger hinnehmen. Schon bisher hat Schottland in wichtigen Punkten gegen den außenpolitischen Kurs der britischen Regierungen erbitterten, wenn auch vergeblichen Widerstand geleistet. So wurde die Teilnahme Großbritanniens am Irakkrieg als engster Partner der USA massiv bekämpft, immer wieder der Abzug der britischen Truppen gefordert.

Nach seinem triumphalen Wahlerfolg hat der »First Minister« Alex Salmond, dem auch Politikwissenschaftler ein ungewöhnliches Charisma zusprechen, den künftigen Weg Schottlands in einem großen Wurf beschrieben: »Das Volk hat der Scottish National Party Vertrauen geschenkt wie niemals einer Partei zuvor bei einer schottischen Wahl. Wir werden dieses Mandat nutzen, um voranzuschreiten und die Befugnisse unseres Parlaments zu erweitern. Und wir sollten umgekehrt den Menschen vertrauen. Deswegen werden wir in dieser Legislaturperiode ein Referendum ansetzen und dem Volk Schottlands seine eigene verfassungsmäßige Zukunft anvertrauen.« Bemüht sich Salmond noch um eine beruhigende und staatsmännische Sprache, wird Nicola Sturgeon, seine Stellvertreterin im Amt des Regierungschefs, deutlicher: »Die anderen Parteien fordern uns auf, auszusprechen, was Unabhängigkeit meint. Dann lassen Sie es mich aussprechen: Unabhängigkeit bedeutet, nicht mehr länger zusehen zu müssen, wie unser nationaler Reichtum von Westminster-Regierungen vergeudet wird.« Bei diesem Streben nach Unabhängigkeit haben die Schotten, und hier hat Ministerpräsident Salmond die stärkste Unterstützung, vor allem das Verfügungsrecht über die noch viele Jahrzehnte sprudelnden Ölquellen vor der Küste des Landes im Auge, das immer noch bei der Zentralregierung in London liegt. Damit hängt wesentlich das Gefühl des Ausgebeutetwerdens zusammen, dem ein Ende gesetzt werden müsse. Zudem sollen Schottlands Vertreter im Europäischen Parlament Schottland repräsentieren und nicht Teil der englischen Abgeordnetendelegation sein. Wobei es angesichts der streng ökologischen Ausrichtung von Salmonds Politik nicht wundernimmt, dass die Abgeordneten der SNP in Straßburg der Fraktion der Grünen angehören.

Alex Salmond ist nicht nur ein gewaltiger und überzeugungsstarker Redner, er ist in seinem Regierungsamt auch ein Mann der erfolgreichen Tat. John Curtis, Professor an der University of Strathclyde in Glasgow, urteilt: »Dadurch, dass Schottland von einer effektiveren Regionalverwaltung als früher regiert wird, die insbesondere offen und willensstark Schottlands Interessen gegenüber der Londoner Regierung verteidigt, sagen viele Schotten: Das ist gut. Die Devolution funktioniert, wie wir es wollten. Deswegen denken seit 2007 weniger Leute, dass Schottland finanziell benachteiligt wird und nur England von der Union profitiert. Sie glauben eher, dass die Existenz des schottischen Parlaments dafür sorgt, dass Schottlands Stimme innerhalb der Union gehört wird. Es liegt schon eine Ironie darin, dass die Scottish National Party bis zu einem gewissen Grad die Union akzeptabler gemacht hat.«

David McCrone, Professor an der Universität der schottischen Hauptstadt Edinburgh, bemerkt im Gegensatz zu seinem Kollegen aus Glasgow diese vermutete Abschwächung des Unabhängigkeitsgedankens nicht: »Was den britischen Staat geformt hat, waren Religion und Krieg. Religion und Krieg schmiedeten die Briten zusammen. Dankenswerterweise spielt Krieg heute keine Rolle mehr und Religion im säkularen Staat auch nicht. Es war eine Weile nett, britisch zu sein. Aber, offen gesagt – was soll's?« McCrone sieht eine gewissermaßen natürliche Entwicklung hin zur Unabhängigkeit, die sich kaum aufhalten lassen werde, vielleicht mit der Zwischenstufe einer weitgehenden Autonomie. Gestärkt wird der Gedanke an einen eigenen schottischen Staat auch durch die Tatsache, dass in London die Konservativen, die Tories, regieren, deren wirtschaftsliberale Politik in Schottland, wo man mehrheitlich will, dass der Staat für soziale Gerechtigkeit sorgt, auf Misstrauen und Ablehnung stöß. Professor McCrone stellt die Fragen, von denen er glaubt, dass sie die Menschen in Schottland stellen, wenn es um den weiteren Verbleib im Vereinigten Königreich geht: »Die Leute werden sagen: Warum? Erklärt uns, wo die Vorteile liegen, zu bleiben. Politisch, materiell. Und dann lautet die Antwort: Aber es ist doch eine gute Sache – und überhaupt: die Geschichte. Geschichte? Die ist tot. Warum soll Schottland Teil des United Kingdom bleiben? Sie haben keine gute Antwort darauf. Abgesehen von Sentimentalität: Wir waren doch so lange zusammen. Kein gutes Argument.«

Auch den Hinweis auf die gemeinsame Monarchie, auf die auch in Schottland verehrte Königin Elizabeth II., lässt David McCrone nicht gelten – selbstverständlich seien die Schotten nicht antimonarchistisch, sie kümmerten sich aber nicht um die Monarchie und wollten damit nicht belästigt werden. First Minister Alex Salmond ist hier weitaus diplomatischer und geht im wahrsten Sinne des Wortes einen »Königsweg« – natürlich werde auch ein unabhängiges Schottland »sehr stolz und glücklich sein, unsere Majestät die Königin als Königin der Schotten zu haben«. Salmond, der Durchsetzungsfähigkeit mit Geschicklichkeit und Gespür für die Stimmungen im Volk zu vereinen weiß, vertritt mit seiner SNP keinen engstirnigen oder gegen Fremdes gerichteten schottischen Nationalismus. Er setzt zwar auf eine kraftvolle Identifikation mit Schottland, seiner Geschichte, seiner Kultur und seiner Tradition, hält aber die Partei gleichzeitig offen für alle, die nach Schottland ziehen, hier leben und arbeiten. Nicht ohne Stolz wird darauf verwiesen, dass 2007 erstmals auf der SNP-Liste in Glasgow mit Bahir Ahmad ein Abgeordneter mit Migrationshintergrund in das schottische Parlament gewählt wurde.

Alex Salmond, 1954 geboren, studierte Volkswirtschaft und Geschichte und sammelte wichtige politische Erfahrungen im Unterhaus in London, dem er von 1987 bis 2010 angehörte. Dreimal führte er seine Partei als Spitzenkandidat in die schottischen Wahlen, um dann im Mai 2011 mit 69 von 129 Parlamentssitzen seinen größten Erfolg zu erringen. Schon 2007 wurde er, als Chef einer Minderheitsregierung, »First Minister«, ein Amt, das er nun auf breiter parlamentarischer Basis führt. Mit ihrer konkreten Politik widerlegt die SNP jeden Verdacht eines rückwärtsgewandten Denkens oder eines Versinkens in der Vergangenheit. Schon die Gliederung der Regierungsarbeit lässt aufhorchen. So ist die Umweltpolitik mit Wirtschaft und Finanzen in einem gemeinsamen Ministerium vereint. Landwirtschaft und Naturschutz finden sich in einem Ministerium für Ländlichen Raum und Umwelt. In der Steuerpolitik wird die Abschaffung der Unternehmensteuer für Kleinunternehmen angestrebt.

2014 könnte für Schottlands Weg in eine neue Zukunft ein wichtiges Jahr werden. Salmond hat im Wahlkampf das Referendum über die Unabhängigkeit Schottlands versprochen, in einem besonders geschichtsträchtigen Jahr will er das Versprechen einlösen: 1314, vor siebenhundert Jahren, schlugen die Schotten unter ihrem König Robert the Bruce eine dreimal größere englische Invasionsarmee unter König Edward II. in der zur Legende gewordenen Schlacht von Bannockburn zurück. Schon deshalb will der konservative englische Premierminister David Cameron die Volksabstimmung in Schottland vorziehen, um den Zusammenfall dieser Entscheidung mit der mächtigen patriotischen Erinnerung an eine historische Schlacht zu verhindern. Zudem will Cameron den Schotten eine Formulierung vorlegen, die ihnen ein Ja zur Unabhängigkeit schwer machen würde: Soll Schottland Mitglied im Vereinigten Königreich bleiben – ja oder nein? Salmond will, seinen Vorstellungen entsprechend, eine differenziertere Fragestellung. In Edinburgh herrscht über das Vorgehen Camerons, das als unzulässige Einmischung empfunden wird, heftige Empörung. Schneidend wird daran erinnert, dass die Konservativen bei der letzten Unterhauswahl in Schottland ein einziges Mandat gewannen. Unbeirrt durch Londoner Einwände hat Salmon im Mai 2012 seine Kampagne für das Entscheidungsjahr 2014 begonnen. Ihr einfaches, aber einprägsames Motto: »Yes Scotland!« Die in Schottland lebenden Menschen, so ließ er seine Kritiker wissen, seien »am besten geeignet, Schottland betreffende Entscheidungen zu treffen«.

Angesichts dieser weit fortgeschrittenen Entwicklungen auf dem Weg zu einer schottischen Unabhängigkeit oder zumindest einer weit stärkeren Autonomie als bisher versteht man noch besser, warum sich die Fachleute der Stiftung Wissenschaft und Politik Gedanken über dieses Thema machen. So überlegen Kai-Olaf Lang und Nicolai von Ondarza weiter: »Obgleich solche Unabhängigkeitsbestrebungen einzelner Regionen zunächst eine innerstaatliche Angelegenheit sind, stellt sich spätestens dann, wenn eine Unabhängigkeitserklärung ernsthaft in Betracht gezogen wird, für die EU und ihre Mitgliedstaaten die Frage, wie ein Unabhängigkeitsprozess europäisch begleitet und anerkannt werden soll.« Diesen Punkt sähen die beiden Wissenschaftler für den Fall erreicht, dass ein schottisches Referendum angesetzt und die Staatsreform in Belgien endgültig scheitern würde.

In der Tat ist Belgien, das in seiner Hauptstadt zudem auch noch den zentralen Ort der Europäischen

Union beherbergt, von jedweder staatlichen Stabilität Lichtjahre entfernt.

540 Tage dauerte es nach der letzten Parlamentswahl vom Juni 2010, die wegen anhaltender Regierungskrisen vorgezogen werden musste, bis es Ende November 2011 zur Bildung eines Kabinetts kommen konnte. Dieses trug schon bei seiner Gründung alle Zeichen früher Gebrechlichkeit auf der Stirn. Sechs französisch und sechs flämisch sprechende Parteien hatten sich nach monatelangen quälenden Verhandlungen zusammengefunden, um unter Elio Di Rupo, einem französischsprachigen Sozialisten aus Wallonien, dem von ständigen Regierungskrisen gequälten Königreich doch noch eine Führung zu geben. Die Hälfte der zwölf Ministerposten ging an Vertreter des französischsprachigen Südens, die andere Hälfte an Vertreter der Niederländisch sprechenden Flamen. Wie brüchig das neue Regierungsgebilde ist, zeigt sich daran, dass es fast in letzter Minute an den mangelnden Flämisch-Sprachkenntnissen des neuen Regierungschefs gescheitert wäre.

Im Kabinett Di Rupo hatten sich die Wahlverlierer gegen den Wahlsieger zusammengeschlossen. Die stärkste Partei des Landes, die Neu-Flämische Allianz (Nieuw-Vlaamse Alliantie), hatte bei der Parlamentswahl einen – für belgische Verhältnisse – erdrutschartigen Sieg erzielt. Obwohl sie im wallonischen Süden gar nicht angetreten war und dort auch keine Partnerpartei hatte, wurde sie landesweit die stärkste Partei Belgiens: Mit 27 der 150 Sitze im Brüsseler Parlament gewann sie fast ein Fünftel der Mandate. In Flandern erreichte die Neu-Flämische Allianz mehr als 30 Prozent und siegte damit über die in dieser Region traditionell starken Christdemokraten. »Wir wollen so schnell wie möglich die nötigen Reformen umsetzen, und wir müssen Ordnung bei den Finanzen schaffen«, hatte Parteichef Bart De Wever am Wahlabend erklärt. Obwohl er und seine Partei bei der Regierungsbildung draußen vor der Tür bleiben mussten, wird Belgien, worin sich alle in- und ausländischen Beobachter einig sind, nicht zur Ruhe kommen.

Die politische Dauerkrise Belgiens hat darin ihre Ursache, dass der Graben zwischen dem wohlhabenden Flandern und der wirtschaftlich notleidenden Wallonie offensichtlich nicht geschlossen werden kann, sondern tiefer und breiter wird. In Flandern sieht man den französischsprachigen Süden als ein Fass ohne Boden, in das Jahr für Jahr Milliarden – ohne sichtbares Ergebnis einer Besserung – geschüttet werden. Deshalb strebt Flandern – und die Neu-Flämische Allianz artikuliert diese Forderung mit aller Schärfe – wesentlich mehr Autonomie an, wobei die Unabhängigkeit des Landesteils durchaus auch mit im Blick ist. Hinzu kommt die schwärende Wunde Brüssel, eine Enklave in Flandern, in der die Einwohner mehrheitlich französisch sprechen. Das Problem Brüssel verschärft sich dadurch, dass im Zuge der Ausdehnung der Metropole in das flandrische Umland ziehende Stadtbewohner eine französische Infrastruktur – zum Beispiel Schulen – fordern. Dies wiederum wird von den Flamen als Provokation empfunden.

Der Krisenkessel Belgien brodelt also. Nicht ohne Grund befürchten die Experten der Stiftung Wissenschaft und Politik, dass die Herauslösung neuer Völkerrechtssubjekte aus bestehenden Staatsverbünden politisch hochsensible Sekundäreffekte in zahlreichen anderen EU-Mitgliedstaaten nach sich zöge: »So würde das Prinzip der Unantastbarkeit des territorialen Status quo in der Union infrage gestellt. Dort, wo gegenwärtig nur radikale Nationalisten Grenzverläufe anzweifeln, könnte dieses Thema auch von moderaten, bislang allein auf Selbstverwaltung drängenden Kräften aufgegriffen werden. Im Falle Spaniens etwa wäre damit zu rechnen, dass die Unabhängigkeitsbestrebungen in Katalonien und in dessen Gefolge im Baskenland weiter zunehmen.« Von scharfen Auseinandersetzungen und Verfassungskonflikten – wie bereits jetzt über die katalanische Autonomie – ist sorgenvoll die Rede.

Die Frage ließ an Deutlichkeit nichts zu wünschen übrig: »Sind Sie damit einverstanden, dass Katalonien/die katalanische Nation ein unabhängiger demokratischer und sozialer Rechtsstaat in der Europäischen Union wird?« Mit dieser Fragestellung begann am 13. September 2009 in der katalanischen Gemeinde Arenys de Munt eine Bewegung, die seither Katalonien und das ganze übrige Spanien nicht mehr zur Ruhe hat kommen lassen. Eine Vereinigung parteiunabhängiger Kandidaten hatte dieses Referendum auf den Weg gebracht. Das Ergebnis entsprach den Erwartungen der Initiatoren. Von den 6500 Einwohnern der Gemeinde nahmen 2671 an der Abstimmung teil, was einer Wahlbeteiligung von 41,09 Prozent entspricht. 2569 von ihnen stimmten mit Ja, 61 mit Nein. Auch wenn es sich bei dieser Stimmabgabe nur um eine rechtlich unverbindliche Meinungs- und Willensbekundung handelte, wurde damit geradezu eine Abstimmungswelle ausgelöst. Die Menschen in Katalonien wollten sich zur Zukunft ihrer Heimat äußern, zu einem Weg in mehr regionale Freiheit und Unabhängigkeit. Hunderte von Städten und Dörfern machten es Arenys de Munt nach. Auch in der Metropole Barcelona schritt man zur Abstimmung: Selbst wenn sich dort nur bescheidene 21,4 Prozent der Bürgerinnen und Bürger an der Entscheidung beteiligten – 91 Prozent von ihnen stimmten für die katalanische Unabhängigkeit.

Die Abstimmung wog doppelt schwer, weil sie ganz allein von privater Seite angestoßen und durchgeführt wurde, zudem noch gegen den Widerstand des politischen Establishments. Die Sozialistische Partei Kataloniens war ebenso dagegen wie die Volkspartei (Partido Popular) oder die katalanische »Bürgerpartei«. Der damalige und im Herbst 2011 abgewählte sozialistische Ministerpräsident José Luis Rodríguez Zapatero wurde von der Volkspartei heftig gescholten, weil er dieses nicht verfassungsgemäße Referendum überhaupt zugelassen hatte. Unter dem Regime General Francisco Francos war jede Regung katalanischer Eigenständigkeit ebenso unterdrückt wie der Gebrauch der katalanischen Sprache verboten worden. Nach dem Tod Francos und der Wiedergeburt der spanischen Demokratie erreichte Katalonien 1978 den Status einer »Autonomen Gemeinschaft« mit einer Reihe innenpolitischer Kompetenzen. Vielen Katalanen ist dieser Freiraum ihrer Region nicht groß genug, auch deshalb nicht, weil sie dagegen sind, dass ihr »Land« einen großen Teil seiner Einnahmen an die

Zentralregierung in Madrid abzugeben hat. Und Katalonien, in dem nur 15 Prozent der spanischen Bevölkerung leben, erwirtschaftet ein Viertel des spanischen Bruttosozialprodukts. Auch deshalb wollen starke katalanische Kräfte einen eigenen, von Spanien unabhängigen Staat.

Der Ruf nach Unabhängigkeit wird auch in einer Region wieder laut, in der er längst von der politischen Tagesordnung verschwunden schien. In Südtirol, wo man sich mit der 1972 geregelten Autonomie eingerichtet hatte, wächst aufgrund der politischen und ökonomischen Entwicklungen der letzten Jahre die Distanz zu Rom und zum italienischen Ganzen. Die Kräfte, die einen eigenen Staat Südtirol wollen, gewinnen an Zulauf. Der Entwurf einer Verfassung für den »Freistaat Südtirol« wird diskutiert, wobei bemerkenswerterweise über nationale Grenzen hinweg die Zusammenarbeit von deutsch- und italienischsprachiger Bevölkerung gesucht wird.

In dem Maße, in dem innerhalb eines Staatsverbandes ethnisch, sprachlich, religiös oder ökonomisch verschiedene Gruppen Eigenleben, Eigenständigkeit oder gar Eigenstaatlichkeit beanspruchen, muss dieser, will er nicht seine Stabilität oder gar seine Existenz aufs Spiel setzen, eine in Richtung Föderation und Föderalismus gehende Dezentralisation vornehmen. Nur dadurch ist es möglich, die Verschiedenheit und Eigenheiten der Bevölkerung zu bewahren. Ernst Deuerlein hat in seinem schon 1972 erschienenen Standardwerk über den Föderalismus die historischen und philosophischen Grundlagen des föderativen Prinzips untersucht. Er vertrat die Meinung, dass der Prozess der Föderalisierung zentralistischer Staaten – und zwar durch die sich immer mehr durchsetzende Überzeugung, dass Zwangsintegrierungen unterschiedlicher Gruppen gegen die Charta der Vereinten Nation verstießen – sich beschleunigen würde: »Die Unzufriedenheit mit zentralistischen Staatsordnungen initiiert und favorisiert den Wunsch, diese durch föderative Gliederungen zu ersetzen.« Schon damals nannte der Autor den englisch-schottischen Gegensatz als erstes Beispiel.

Landkarten sind nicht für die Ewigkeit gezeichnet. Wie sehr dieser Satz zutrifft, zeigt sich seit dem Zusammenbruch des sowjetisch-kommunistischen Imperiums. Staaten, die von der Landkarte verschwunden waren und damit der geschichtlichen Vergangenheit anzugehören schienen, erlebten ihre Wiederauferstehung. Das der Sowjetunion einverleibte und untergegangene Baltikum erstand in seinen drei Staaten Litauen, Lettland und Estland neu. Die Tschechoslowakei teilte sich 1993 – auf friedlichem Wege – in die Tschechische Republik und in die Slowakei. Václav Havel, im Dezember 2011 gestorbene Symbolgestalt des Freiheitswillens seines Volkes, war zunächst Staatspräsident der Tschechoslowakei und dann der Tschechischen Republik. Der von Marschall Josip Broz Tito geschmiedete kommunistische Einheitsstaat Jugoslawien zerbrach. Slowenien ist längst Mitglied der Europäischen Union, mit Kroatien sind die Beitrittsverhandlungen abgeschlossen, und Serbien hat den Status eines Beitrittskandidaten. Ihre Unabhängigkeit gewannen das immer noch brüchige Bosnien-Herzegowina, Montenegro, Albanien, Mazedonien und sogar das von bedenklicher Instabilität gekennzeichnete Kosovo.

Das Ende dieser Staatenwerdung, dieses Prozesses einer großen Emanzipation, ist dabei wohl noch lange nicht erreicht. Aus ethnischen Spannungen entstehende erneute Grenzverschiebungen erwartet die Stiftung Wissenschaft und Politik vor allem im Dreieck zwischen Kosovo, Albanien und Westmazedonien. Eine große Mehrheit der Bevölkerung in diesem fast ausschließlich von Albanern bewohnten Gebiet befürwortet den Zusammenschluss ihrer Nation zu einem Staat. Auch wenn der Staat Albanien selbst, schon auf Druck vor allem der USA, seine Bemühungen um einen albanischen Staat eingestellt hat, steht die demografische Entwicklung auf seiner Seite. Während die Bevölkerungszahlen in den anderen Volksgruppen deutlich zurückgehen, nimmt die Zahl der Albaner in der Region ständig zu. Serbien verliert aufgrund der niedrigen Geburtenrate annähernd 40 000 Einwohner jährlich, so die Stiftung Wissenschaft und Politik in einer Untersuchung mit dem Titel »Vor erneuten Grenzverschiebungen im Westbalkan«, während die albanische Bevölkerung allein im Kosovo um etwa 30 000 Menschen pro Jahr zunimmt.

Europa, die Europäische Union, tut also gut daran, sich auf weitere Veränderungen staatlicher Art auf dem Balkan und damit verbunden auf neue Grenzen einzurichten. Mit zentralistischer Macht die dauerhafte Beibehaltung der bestehenden Ordnung erzwingen zu wollen ist voller Risiken. Deshalb der Rat der Stiftung Wissenschaft und Politik in besagter Studie: »Es dürfte sich als politisch kostspielig und am Ende kontraproduktiv erweisen, wenn sich der Westen weiter gegen autochthone Bewegungen im Westbalkan stemmt, die den weit gediehenen Prozess der Herstellung einer Identität zwischen politischen und ethnischen Grenzen vollenden wollen.«

Kai-Olaf Lang und Nicolai von Ondarza geben am Ende ihrer Überlegungen zum Thema der Rückkehr beweglicher Grenzen in Europa Hinweise, die Deutschland und die deutsche Politik für den Fall berücksichtigen sollten, dass solche Entwicklungen in Mitgliedstaaten der Europäischen Union eintreten. Bei allem Interesse an einer Aufrechterhaltung des Status quo sollte Deutschland flexibel auf Loslösungstendenzen reagieren und nicht um jeden Preis an der Einheit von Staaten festhalten: »Wenn alles darauf hindeutet, dass einem EU-Land innere Dauerlähmung droht, ist es sinnvoll, eine Trennung zu akzeptieren. Deutschland und andere Mitgliedstaaten sollten nicht zur Separation ermuntern, aber darauf bestehen, dass sie weitgehend einvernehmlich verläuft und Kooperation zwischen einem neuen Staat und seinem Mutterland oder zwischen den neuen Staaten gestattet.« Das Ende beziehungsweise der Beginn von Staatlichkeit in der Europäischen Union müsse diese nicht zwangsläufig destabilisieren, sondern könne auch ein neues Gleichgewicht erzeugen: »Nicht das verhandelte Auseinandergehen, sondern nur das unkontrollierte und feindselige Auseinanderbrechen bringt die europäische Integration in Gefahr.« De Gaulles »Europa der Vaterländer« gibt hier die richtige Orientierung.

IX Zentralstaat Europa
Die deutschen Länder sind die Verlierer

Die Vorstellung eines geeinten Europas hat seit dem 25. März 1957, dem Tag, an dem die Römischen Verträge zur Schaffung der Europäischen Wirtschaftsgemeinschaft (EWG) von den sechs Gründungsländern Frankreich, Italien, Belgien, den Niederlanden, Luxemburg und Deutschland unterschrieben wurden, einen dramatischen Wandel erfahren. »Wir konnten die Güter, die wir Europäer von unseren Vorfahren in langen Jahrhunderten übernommen hatten – europäisches Denken, abendländisches Denken, christliches Denken –, nur dann wieder zur Geltung bringen und den europäischen Ländern in der Weltwirtschaft und in der Weltpolitik nur dann wieder eine Rolle verschaffen, wenn Europa zu einer Einheit zusammengeschlossen sein würde«, schrieb Konrad Adenauer, der erste Bundeskanzler der Bundesrepublik Deutschland, in seinen *Erinnerungen*.

Wie einschneidend sich seither die Definition Europas und seiner Einheit verändert hat, geht aus einem Satz von Bundeskanzlerin Angela Merkel hervor, den sie immer wieder sagt und dauernd bekräftigt: »Scheitert der Euro, scheitert Europa.« Die große Idee von der Einheit des Kontinents, gewachsen und entstanden aus der reichen Vielfalt und großen Tradition seiner Länder, ist zu einer Währungsfrage geschrumpft. Die Konsequenz daraus ist die ökonomische Gleichschaltung. Ein geeinter Kontinent, gedacht als Rahmen eines wirtschaftlichen Austauschs und eines friedlichen Wettbewerbs, soll eingeebnet werden. Europa ist in schmerzlicher Weise verkürzt auf den Euro. Das gemeinsame Geld ist an die Stelle der anderen prägenden und in Jahrhunderten entstandenen Gemeinsamkeiten getreten, die Europa, wie es heute ist, haben entstehen lassen und immer noch ausmachen.

Die Architekten der Zusammenarbeit in Europa – Männer wie der Franzose Robert Schuman, der Italiener Alcide De Gasperi oder der Deutsche Konrad Adenauer – dachten in den Dimensionen des christlichen Abendlandes, und sie sprachen davon, gewannen damit die Herzen und die Zustimmung der Menschen. Jacques Delors, ein anderer großer Europäer und Präsident der EG-Kommission von 1985 bis 1994, warnte schon 1992: »Man muss Europa eine Seele geben. Wenn es uns in den nächsten zehn Jahren nicht gelingt, ihm eine Seele zu geben, dann werden wir die Partie Europa verloren haben.« Für den französischen Sozialisten stand unverrückbar fest, dass es sich dabei um eine christliche Seele handeln müsse: »Der Beitrag des Christentums bleibt wesentlich, und zwar genau wegen der Weisheit, von der sich seine Sicht des Menschen und der Ruf zu einer Erneuerung nährt, die den Werten treu bleibt, die uns vom Evangelium als Erbe gegeben worden sind.« André Malraux brachte diese Einsicht auf den Nenner, dass das 21. Jahrhundert religiös sein oder nicht stattfinden werde. Die geschichtliche Entwicklung hat diesen Urteilen recht gegeben – das wirkungsmächtige Auftreten eines Mannes wie des polnischen Papstes Johannes Paul II. hat den freiheitlichen Umbruch Europas wesentlich mit herbeigeführt.

Scheitert der Euro, scheitert Europa – vielleicht steckt aber in Merkels Gleichung eine tiefere Wahrheit, als die Bundeskanzlerin und die Anhänger ihrer Euro-Rettungspolitik meinen: Scheitert mit dem Euro nur ein bestimmtes Konzept, das darin besteht, ein zentralistisches Europa erzwingen und Ungleiches gleichmachen zu wollen?

Die Krise der Gemeinschaftswährung – das zehnjährige praktische Bestehen des Euro an der Jahreswende von 2011 zu 2012 ging denn auch ohne Jubelstimmung vorbei – hat zwei wichtige Ursachen: Die erste ist der permanente Vertragsbruch, die zweite der anhaltende Verstoß gegen die allgemeine und altbekannte Erfahrung, dass man auf Dauer nicht mehr ausgeben kann, als man einnimmt. Über Jahre hin konnte der Stabilitätspakt ungestraft gebrochen werden. Die klare vertragliche Festlegung, dass kein Land für die Schulden eines anderen aufkommen dürfe und müsse, wurde bedenkenlos missachtet. Die ebenfalls nach den Verträgen ausgeschlossene Vergemeinschaftung von Schulden wurde zwar offiziell durch die von Deutschland durchgesetzte Ablehnung von Eurobonds verhindert. In der Realität aber von der Europäischen Zentralbank durch den ständigen Ankauf schrottreifer oder höchst riskanter Staatspapiere von Krisenländern ebenso munter praktiziert wie durch ein kaum überschaubares Geflecht immer neuer Milliarden-Rettungsschirme.

Allein das Scheitern der deutschen Vertreter im EZB-Rat, Ex-Bundesbankpräsident Axel Weber und Ex-EZB-Volkswirt Jürgen Stark, zeigt, wie weit sich die Europäische Zentralbank vom einst beschworenen Tugendpfad der Stabilität, die sie hüten müsste wie ihren Augapfel, entfernt hat. Auch Bundesbankpräsident Jens Weidmann steht hier auf weitgehend verlorenem Posten. Seine Analyse: »Indem umfangreiche zusätzliche Risiken auf die Hilfe leistenden Länder und deren Steuerzahler verlagert werden, hat der Euro-Raum einen großen Schritt hin zu einer Vergemeinschaftung von Risiken im Falle unsolider Staatsfinanzen und gesamtwirtschaftlicher Fehlentwicklungen gemacht. Dies schwächt die Grundlagen der auf fiskalische Eigenverantwortung bauenden Währungsunion.« Das Defizit des EZB-Europas hat Roland Berger, der Doyen der europäischen Unternehmensberater, auf den Punkt gebracht: »Wir müssen sicherstellen, dass wir Deutsche ein Stimmengewicht in den europäischen Institutionen und bei deren Entscheidungen haben, das unserer Bevölkerung und unserer Wirtschaftskraft in etwa entspricht. Es darf nicht sein, dass wir im Direktorium der Europäischen Zentralbank das gleiche Stimmrecht haben wie Malta oder Zypern. Das mag sinnvoll gewesen sein, solange die EZB sich nur auf die Preisstabilität konzentriert hat. Aber wenn die EZB Staaten finanziert und wir Deutsche mit unserem Anteil von 27 Prozent am Kapital der EZB haften, dann stimmt die Verfassung dieser Institution nicht mehr. Wir dürfen uns nicht Mehrheitsentscheidungen von Ländern mit einer sehr viel geringeren Bevölkerungszahl und einem sehr viel geringeren wirtschaftlichen Gewicht aussetzen.«

Das Beben der europäischen Gemeinschaftswährung hat über die maßlose Verschuldung einzelner Euro-Länder hinaus eine weitere Ursache, die in der grundsätzlichen wirtschaftlichen, sozialen und mentalitätsmäßigen Verschiedenheit der Völker in der Eurozone liegt. Das Wort, das Willy Brandt zur deutschen Einheit fand – dass nun zusammenwachse, was zusammengehöre –, passt auf den Euro nur in umgekehrter Form: Hier wächst nicht zusammen, was nicht zusammengehört. Grundsätzlich sollte das kein Unglück sein: Europa lebt aus der reichen Vielfalt und Unterschiedlichkeit seiner Menschen, seiner Länder, seiner Regionen. Es könnte ein Lehrstück aus der Geschichte des Euro sein, dass in schwerste Turbulenzen gerät, wer die Vielfalt einebnen und diese Unterschiedlichkeit beseitigen will. So stimmt hinsichtlich der Zukunft des Euro ein Kernsatz aus einer Regierungserklärung von Bundeskanzlerin Angela Merkel im Jahr 2011, in dem deutliche Kritik an ihren Vorgängern geübt wird, kaum zuversichtlich: »Wir haben uns entschlossen, mit dieser Weichenstellung die Konstruktionsfehler zu korrigieren, die bei der Schaffung der Wirtschafts- und Währungsunion begangen wurden.« Dass der Weg zu einer Fiskalunion – schon der Begriff in seiner schillernden Vieldeutigkeit muss tiefes Misstrauen wecken – im Sinne einer Stabilitätsunion natürlich noch lange nicht abgeschlossen, aber unwiderruflich eingeschlagen worden sei: Auch diese

Beteuerung der Regierungschefin alarmiert mehr als sie beruhigt.

Fiskalunion bedeutet zwangsläufig, dass mehr Fiskalmacht, also mehr Haushalts- und Steuermacht, an die EU-Kommission nach Brüssel und an die Europäische Zentralbank gehen und den nationalen Parlamenten und Regierungen weggenommen werden soll. Auch der Steuerwettbewerb, der für die prosperierende Entwicklung der Länder wichtig ist und dessen Funktion als Bollwerk gegen staatliche Allmachtsgelüste nicht unterschätzt werden darf, könnte durch die mit einer Fiskalunion verbundene »Harmonisierung« ausgeschaltet werden. Dass in diesem Zusammenhang ein solcher Begriff verwendet wird, ist besonders perfide: Er soll brutale Gleichmacherei verharmlosen und verstecken.

Deshalb, so Philipp Bagus, Professor für Volkswirtschaft an der Universität in Madrid und kritischer Beobachter der hektischen Euro-Rettungsversuche, im Berliner *Hauptstadtbrief*: »Zentralisierungsforderungen wie eine europäische Wirtschaftsregierung sind zutiefst antieuropäisch. In seiner Geschichte ist Europa dezentral organisiert gewesen und hat sich durch eine Vielzahl konkurrierender Politikmodelle ausgezeichnet. Durch Wettbewerb und Vielfalt wurde Europa zum Kern der Zivilisation. Bei Erfindungen, kultureller Blüte von Literatur, Musik und Kunst sowie Wirtschaftswachstum erreichte Europa am Ende des 19. Jahrhunderts bei einer politisch dezentralisierten Struktur und Freihandel seinen Spitzenplatz in der Welt.« Ein zentralistischer, gleichmacherischer EU-Staat würde einem in Vielfalt blühenden Europa entgegenstehen. Deshalb die Forderung von Philipp Bagus: »So muss auch die Lösung der Euro-Krise europäisch sein. Wir brauchen wieder mehr Freiheit und Wettbewerb in Europa. (Zwischen-)Staatliche Umverteilung und Defizite sind zu vermeiden, automatische Sanktionen eines reformierten Stabilitäts- und Wachstumspaktes müssen die Defizite begrenzen. Dem monetären Schuldenstaat ist mit einem klaren Bailout-Verbot entgegenzutreten. Aber nicht nur Staaten muss die Rettung überschuldeter Regierungen verboten werden, auch der EZB. Ihr muss untersagt werden, Staatsanleihen zu erwerben oder als Kreditsicherheit zu akzeptieren.« Nur eine Abkehr von der Schuldenpolitik und eine Rückbesinnung auf die traditionellen europäischen Werte wie Freiheit, Vielfalt, Eigenverantwortung und Wettbewerb können und werden die Rettung bringen, so die Schlussfolgerung von Professor Bagus. Man wagt kaum zu fragen: War denn das Europa mit Mark, Franc, Schilling, Krone, Lira, Peseta, Gulden oder Drachme nicht auch europäisch? Oder gar europäischer als die heutige Lage, die von Untergangsängsten um die Gemeinschaftswährung bestimmt wird?

Die Sorgen der Menschen um die Zukunft ihres Geldes können nicht kleiner werden durch den Sprachgebrauch, dessen sich die Politik bei der Diskussion um die Rettung der Gemeinschaftswährung Euro bedient. Wer hier im Zusammenhang mit der Konstruktion von Milliarden- oder gar Billionen-Rettungsschirmen ständig von »Panzerfaust« und »gestärkter Feuerkraft«, von »Dicker Bertha« oder gar »Atombombe« hört und liest, sieht sich eher im Feldgeschrei eines totalen Krieges denn in der Debatte über die Zukunftssicherung einer Währung. Vertrauensbildende Maßnahmen jedenfalls sehen anders aus.

»Wir müssen Europa wieder neu buchstabieren lernen, und zwar nach dem Alphabet der Subsidiarität. Auf diesem Prinzip beruht die europäische Idee: Eigenverantwortung und Hilfe zur Selbsthilfe«, mahnt der Dominikaner Wolfgang Ockenfels, Professor für christliche Sozialwissenschaft an der Universität Trier. Der Kredit europäischer Solidarität würde überzogen, wollte man die Subsidiarität nicht beachten: »Die Demontage Europas beginnt da, wo man auf Kosten anderer ein bequemes Leben führen will. Wer nicht bereit ist, sich selber durch einen kräftigen Eigenbeitrag zu helfen, hat die Berechtigung verloren, von anderen solidarische Hilfe zu erwarten.« Europa ist von einem doppelten Sprengsatz bedroht: von den Schuldenbergen, die nicht nur einzelne, sondern viele Länder angehäuft haben, und von dem Vorhaben, diese Schulden europaweit gleichmäßig zu verteilen und durch Inflation zu verringern. Ockenfels: »Für die fahrlässigen Schulden anderer einstehen zu müssen unterminiert die Solidaritätsbereitschaft. Die Schuldenlast, die wir auch in Deutschland angehäuft haben, untergräbt die Generationensolidarität und läuft auf Diebstahl an den künftigen Generationen hinaus. Wir leben auf Kosten derer, die nicht gefragt worden sind und die wahrscheinlich gar nicht mehr bei uns geboren werden.«

Peter Gauweiler, der seiner Skepsis gegenüber dem Euro von Anfang an kräftig Ausdruck verliehen hat, beschreibt die paradoxe Problematik am Beispiel eines von den Euro-Befürwortern gern zitierten deftigen Bildes: »Man kann aus einem Aquarium zwar eine Fischsuppe machen, aber aus einer Fischsuppe kein Aquarium.« Doch stellt nicht nur er die Frage, ob man denn auf Dauer und bis an das Ende aller Tage an dieser Fischsuppe als Einheitsgericht festhalten muss, wenn deren Bekömmlichkeit und Verträglichkeit kaum vorstellbar sind. Was jedenfalls unbedingt zu einer grundlegenden Reform des Euro gehören muss, ist eine Selbstverständlichkeit, die für jeden Vertrag gilt: Wer einer Vertragsgemeinschaft beitritt, muss auch die Möglichkeit haben, wieder auszutreten. Und wer die vertraglich eingegangenen Verpflichtungen nicht erfüllt, kann und muss ausgeschlossen werden. Auch die Frage, ob ein Euro der Zukunft nicht nur auf die Länder beschränkt sein sollte, die über die wirtschaftliche, finanzielle und politische Kraft zu konstruktiver Mitwirkung an einer gemeinsamen Währung verfügen, muss nicht nur erlaubt sein, sondern hinsichtlich einer positiven Antwort auch gründlich geprüft werden.

Linde-Chef Wolfgang Reitzle, Vorstandsvorsitzender eines wichtigen Dax-Unternehmens, hat zu Jahresbeginn 2012 im *Spiegel* ein sicher nicht verabredetes, aber weithin praktiziertes Kartell des Schweigens gebrochen. Mit dem Mut des kleinen Mädchens aus Hans Christian Andersens Märchen von »Des Kaisers neuen Kleidern« hat er ausgesprochen, was den Regierenden ganz und gar nicht gefallen kann. Er ist nicht der Meinung, dass der Euro um jeden Preis gerettet werden müsste: »Wenn es nicht gelingt, die Krisenländer zu disziplinieren, muss Deutschland austreten.« Dies würde zwar zu einer »Aufwertung der D-Mark, des Nord-Euro oder welche Währung wir dann auch hätten, führen«, in den ersten Jahren würde dies wohl auch den Export einbrechen lassen. Aber dann, so Reitzle, würde der Druck zunehmen, noch wettbewerbsfähiger zu werden: Schon fünf Jahre später könnte Deutschland im Vergleich zu den asiatischen Wettbewerbern noch stärker dastehen. Dieses Szenario hält Reitzle zwar nicht für wünschenswert, »aber es darf auch nicht zum Tabu erklärt werden«. Die Offenheit des Urteils, mit der Reitzle zu Beginn des Jahres 2012 noch Aufsehen erregte, ist bis zur Mitte des Jahres und angesichts einer anhaltenden und sich weiter verschärfenden Krise zu einer weitverbreiteten Selbstverständlichkeit in Politik und Wirtschaftswissenschaft geworden.

Die Euro- und Schuldenkrise hat mit ihren schon von der Zahl her kaum mehr überschaubaren Maßnahmen, ob diskutiert, angekündigt oder beschlossen, ein düsteres Ergebnis: Die demokratische Ordnung Europas wird nicht stärker, sondern schwächer. Das Urelement der Demokratie, die Wahl verantwortlicher Politiker durch das Volk, verliert an Bedeutung, den von den Menschen gewählten Parlamenten werden Befugnisse entzogen. Übertragen werden sie an Gremien und Apparate, an Konferenzen und Bürokratien, die jeder echten und wirksamen demokratischen Kontrolle entbehren. Es ist bezeichnend, dass im Zuge der Schuldenkrise und ihrer Bekämpfung durch Gipfelbeschlüsse vom Volk gewählte Regierungen in Griechenland und Italien aus dem Amt vertrieben und durch sogenannte Expertenregierungen ersetzt wurden, die ohne jede direkte Beteiligung des Volkes an die Macht gekommen sind. Geradezu grotesk wurde die Situation, als sich in der Politik und in vielen Medien Europas ein Aufschrei der Entrüstung erhob, weil ein griechischer Ministerpräsident in seiner Not den Vorschlag wagte, das Volk über Annahme oder Ablehnung europäischer Rettungspakete abstimmen zu lassen. Die Schläge von den europäischen Oberaufsehern fielen so dicht, dass der Regierungschef seinen Vorstoß im Sommer 2011 kleinlaut einkassieren musste. Für Griechenland, die Wiege der Demokratie, ein bemerkenswerter Vorgang – und für Europa, das sich über das Einknicken voll selbstgerechter Freude zeigte, ein Armutszeugnis. Ausdrückliches Lob erhielt Athen für sein dann gescheitertes Vorhaben von Frank Schirrmacher in der *Frankfurter Allgemeinen Zeitung*: »Papandreou tut nicht nur das Richtige, indem er das Volk in die Pflicht nimmt. Er zeigt auch Europa einen Weg. Denn in dieser neuen Lage müsste Europa alles tun, um die Griechen davon zu überzeugen, warum der Weg, den es zeigt, der richtige ist. Es müsste dann nämlich sich selbst davon überzeugen. Es wäre kein Prozess in Brüsseler Beton, an dessen Ende eine enthemmte Presse die Bundeskanzlerin als eine Art Gigantin zeichnete. Es wäre eine Selbstvergewisserung der gleichfalls hoch verschuldeten europäischen Staaten, die sich endlich Klarheit darüber verschaffen könnten, welchen Preis sie für die immateriellen Werte eines geeinten Europa zahlen wollen.«

Die Krise und ihre noch längst nicht erfolgreich abgeschlossene Bekämpfung liefern für manche Akteure Anlass und Vorwand, den einzelnen EU-Mitgliedstaaten und ihren Parlamenten noch mehr Macht und Einfluss wegzunehmen und diese nach Brüssel an alte und neue Institutionen zu übertragen. Die Verantwortungsvermischung zwischen der nationalen und der europäischen Ebene führt zwangsläufig zu einer gravierenden Desinformation der Menschen. Sie können den Absender politischer Maßnahmen, von denen sie betroffen sind und die sie fürchten, nicht mehr erkennen. Der Abstand zwischen den Bürgerinnen und Bürgern und der politischen Klasse wächst, auch wenn diese Entwicklung immer wieder mit Krokodilstränen beklagt wird. Diese Fehlentwicklung wird nicht erträglicher dadurch, dass es in den Parlamenten, auch im Deutschen Bundestag, am kraftvollen und geschlossenen Aufstand gegen diesen Trend der Einfluss- und Kompetenzminderung fehlt. Das Bundesverfassungsgericht muss, auf die Klage mutiger Einzelgänger wie Peter Gauweiler hin, dafür sorgen, dass die Abgeordneten die Rechte bekommen und wahrnehmen, die ihnen aufgrund der Verfassungslage zustehen. Gauweiler bewegt sich mit seinem Gang nach Karlsruhe auf einer klassischen Traditionslinie der CSU: Es war auf Betreiben von Franz Josef Strauß der Freistaat Bayern, der Anfang der Siebzigerjahre mit seiner Anrufung des Bundesverfassungsgerichts die Anerkennung der Zweiteilung Deutschlands verhinderte und das Tor zur deutschen Einheit offen hielt.

Es waren und sind Minister der Bundesregierung, die sich im Eifer, Deutschland Kompetenzen wegzunehmen und diese nach Europa zu verlagern, geradezu übertreffen. Ursula von der Leyen preschte mit ihrem Vorschlag einer Schaffung der Vereinigten Staaten von Europa vor. Norbert Röttgen, damals noch Bundesumweltminister, ging noch weiter. Er forderte eine Übertragung nationaler Souveränitätsrechte auf die europäische Ebene in den Politikfeldern Wirtschaft und Währung, Verteidigung und Außenpolitik, Klima und Biodiversität. Die nach Hohn klingende Begründung des stellvertretenden CDU-Bundesvorsitzenden für diese Preisgabe deutscher Eigenverantwortung: »Materiell verlieren die Nationalstaaten nichts, was sie nicht ohnehin schon auf dem Feld der Globalisierung verloren haben.« Nationale Kompetenz könne man gar nicht verteidigen, da sie längst eine »leere Hülse« sei. Damit das Röttgen-Konzept auch noch seine personelle Krönung erfuhr: Der Präsident der EU-Kommission sollte demnach direkt vom Volk gewählt werden, er solle die Richtlinienkompetenz in der Politik bekommen.

Diese für einen prominenten CDU-Politiker angesichts der demokratisch-föderalistischen Tradition seiner Partei schier unvorstellbare Verirrung stellt im Kern ein Plädoyer für die Abschaffung der Regierungen der Nationalstaaten und damit auch Deutschlands und seiner Länder dar. Wenn der Kommissionspräsident in Brüssel die Richtlinienkompetenz hat – wo bleibt dann die im Grundgesetz festgeschriebene Richtlinienkompetenz von Bundeskanzlerin Angela Merkel? »Krisen, die sich ihrem Höhepunkt nähern, provozieren gelegentlich Rettungsvorschläge, die ihren katastrophalen Ausgang noch beschleunigen«, mahnt Hermann Lübbe, emeritierter Ordinarius für Philosophie und Politische Theorie an der Universität Zürich. Daran erinnernd, dass der Euro bei seiner Einführung als »Krönung« der Union und später als deren

»Motor« gepriesen wurde, bilanziert er: »Damit waren dem Euro Zwecke angedient, die er gemäß der überaus empfindlichen Natur des Geldes gar nicht haben kann. Schon der seinerzeit unausgesprochen gebliebene Hauptzweck des Euro hat sich inzwischen ökonomisch als schadensträchtig erwiesen. Nachdem sich die deutsche Wiedervereinigung nicht mehr verhindern ließ, sollte wenigstens noch die Deutsche Mark aus ihrer in Europa sich ausbreitenden Ankerwährungsstellung vertrieben werden. Weil man das nicht öffentlich sagen konnte, wurde der Euro rhetorisch zum Friedensgaranten ernannt. Jetzt rächt sich die politische Überlastung der nützlichen Funktion, die ein Währungsverbund geeigneter Staaten tatsächlich hätte haben können. Die Deutschen leiden jetzt an den Folgen des ökonomisch seltsamen Unternehmens, eine Währung durch eine neue Währung nicht deswegen zu ersetzen, weil sie schlecht war, sondern weil sie vergleichsweise zu gut war.«

Ein europäisches Großreich, wie ein Einheits- und Zentralstaat von Brüssel aus regiert, hat mit Gründung und Geschichte, mit Wirken und Wesen der Europäischen Union nicht mehr das Geringste zu tun. Das Taumeln zwischen europäischen Ohnmachts- und Großmachtsfantasien trägt das Seine dazu bei, den Deutschen das zu nehmen, was ihnen zu geben eine der ersten Aufgaben der Politik ist, nämlich Hoffnung. Wie sehr es im Zusammenhang mit dem Thema Europa daran fehlt, beweist das Ergebnis einer großen Zahl von Umfragen, die zum Ende des Jahres 2011 überwiegend Sorgen und Ängste bei den Deutschen zutage förderten. Hatten 2007 noch zwei Drittel der Deutschen die Mitgliedschaft in der Europäischen Union als positiv angesehen, so war knapp die Hälfte der Befragten im Dezember 2011 der Meinung, dass es Deutschland ohne die Mitgliedschaft in der Europäischen Union besser ginge. 62 Prozent der Deutschen glaubten zu diesem Zeitpunkt, dass sich die Schuldenkrise im kommenden Jahr weiter verschlimmern werde, nur 2 Prozent glaubten an ein Ende der Krise im Jahr 2012.

In einer Zeit der Globalisierung ist die Sehnsucht der Menschen nach dem Überschaubaren, nach dem Wissen, woher man kommt, wohin man will und wo man steht, nach Heimat, besonders ausgeprägt. Diesem Streben entspricht eine europäische Ordnung, die sich weitab von jeder Sucht nach zentralistischer Groß- und Einheitsstaatlichkeit hält. Charles de Gaulles Wort vom »Europa der Vaterländer« fasst diese Sicht der Dinge zusammen. In seinen *Memoiren der Hoffnung* schreibt er davon, dass er mehrmals gezwungen gewesen sei, während des europäischen Einigungsprozesses einzugreifen, »um die Bedrohungen, die auf unserer Sache lasten, zu entschärfen«: »Die erste entspringt der Urzweideutigkeit der ganzen Institution. Heißt ihr Ziel – was schon viel wäre – Harmonisierung der praktischen Interessen der sechs Staaten, wirtschaftliche Geschlossenheit nach außen und möglichst gegenseitige Abstimmung des internationalen Vorgehens? Oder will es die völlige Verschmelzung der Volkswirtschaften und der jeweiligen Politik herbeiführen, so dass sie in einem einzigen Gebilde mit eigener Regierung, eigenem Parlament, eigenen Gesetzen aufgehen, die seine Untertanen französischer, deutscher, italienischer, holländischer, belgischer und luxemburgischer Herkunft in allen Belangen regiert als Mitbürger eines künstlichen Vaterlandes, das dem Gehirn der Technokraten entsprang? Müßig zu sagen, dass ich, allen Wunschträumen abhold, die erste Konzeption vertrete.«

Bayern hat de Gaulles »Europa der Vaterländer« aus Sicht eines starken und selbstbewussten deutschen Landes das Wort vom »Europa der Regionen« hinzugefügt. Europa soll und darf aus vielerlei Gründen nicht eine Großmacht üblicher Art werden. Großmächte, zum Übermut neigend, können und dürfen für die Einheit Europas schon deshalb kein Vorbild sein, weil im geschichtlichen Überblick in aller Regel sie es waren, von denen Krieg und Unheil unter den Völkern ihren Ausgang nahmen. Der zentralistische europäische Einheitsstaat, sollte er mit dem schwächlichen Argument, dass nur so die Euro- und Schuldenkrise überwunden werden könne, angestrebt werden, wäre schon von der Ausgangslage her zum Scheitern verurteilt: Es gibt kein europäisches Staatsvolk. Die Völker in ihrer Verschiedenheit, in der Unterschiedlichkeit ihrer Sprache, ihres Denkens, ihrer Mentalität, ihrer gesellschaftlichen Prägung oder ihres Wirtschaftens, machen überhaupt erst Europas Reichtum und Glanz aus. Eine von Brüssel beförderte oder angeordnete Einebnung dieser Vielfalt wäre das Ende dessen, was Europa ausmacht, wäre sein Tod.

Schon jetzt müssen sich die Mitgliedstaaten immer wieder dagegen auflehnen, wenn die Europäische Kommission mit ihrer undurchschaubaren Bürokratie – von der man nur weiß, dass Deutschland als europäischer Hauptzahler in den Führungspositionen völlig unterrepräsentiert ist – sich in Dinge einmischt, die sie nichts angehen. Diese krakenhaften Aktivitäten laufen ununterbrochen weiter, erregen in den Mitgliedstaaten den Missmut der Betroffenen, schüren Ablehnung gegen den europäischen Gedanken. Der Krisen-Gipfel-Stress in Sachen Schulden- und Euro-Krise kann noch so groß sein – er bringt keinen Stillstand der Tag und Nacht laufenden Anmaßungsmaschinerie. Noch vor dem Jahresende 2011 erneuerte die EU-Kommission, um nur ein Beispiel zu nennen, ihren Vorschlag einer Richtlinie zur Regelung der Vergabe von Dienstleistungskonzessionen. Im Grunde geht es dabei darum, den Städten und Gemeinden vorzuschreiben, wie sie die Aufgaben der Trinkwasserversorgung oder der Abwasserbeseitigung zu regeln und entsprechende Aufträge zu vergeben hätten. Dabei kümmert sich Brüssel keinen Deut darum, dass die hohe Qualität des Trinkwassers in Deutschland auf die Verantwortlichkeit der zuständigen Kommunen zurückzuführen ist. Unberührt bleibt der Vereinheitlichungseifer auch davon, dass schon der deutsche Bundesrat und das Europäische Parlament im Mai 2010 dieser Initiative der Kommission ein klares Nein entgegengesetzt hatten. Der Eingriff in die Zuständigkeiten der EU-Mitgliedstaaten wird weitergehen.

Das Prinzip der Subsidiarität, nach dem Europa gebaut ist, ist der Kommission und ihren Truppen ein schmerzender Dorn im Auge. Gebt Europa, was Europas ist, und den Staaten und Regionen, in Deutschland den Ländern, was der Staaten und der Regionen und Länder ist – eine solche Ordnung ist nicht nur zweckmäßig, weil die Dinge dort geregelt werden, wo man sie am besten kennt. Sie entspricht auch den wichtigsten menschlichen und gesellschaftlichen Maßstäben.

Diesem Gedanken der Subsidiarität wird im Aufbau von Staaten und staatlichen Zusammenschlüssen am engsten und besten der Grundsatz des Föderalismus gerecht. Der große bayerische Sozialdemokrat Wilhelm Hoegner ging noch im Kriegsjahr 1945 in einem am 13. November 1945 der gerade lizenzierten *Süddeutschen Zeitung* gegebenen Interview der Frage »Föderalismus, Unitarismus oder Separatismus?« nach. Mit einem Satz erregte er dabei besonderes und über die Grenzen Bayerns hinausgehendes Aufsehen: »Wenn wir Süddeutschen nicht wollen, dass wieder einmal Millionen von deutschen Staatssklaven auf den Wink eines einzigen Mannes einschwenken und blindlings bis ans Ende der Welt marschieren, dann müssen wir mit dem Föderalismus Ernst machen.« Hoegner schildert die leidvolle deutsche und damit auch bayerische Geschichte von 1866 bis 1945, um dann die Schlussfolgerung zu ziehen: »Wir wollen Deutsche sein und bleiben, nicht durch den Befehl von Berlin. Vor allem aber wollen wir wieder unsere eigenen Herren im ›Gasthaus zum Bayerischen Löwen‹ sein.« Hans Ehard, zu dieser Zeit Bayerischer Ministerpräsident, unterstützte in einer 1948 gehaltenen Rede mit dem Titel »Die europäische Lage und der deutsche Föderalismus« den Zusammenschluss Europas, für dessen Zustandekommen er den Föderalismus als unerlässlich erachtete: »Ein föderatives Vorgehen erfordert eine ausschlaggebende unmittelbare Mitwirkung der Teile, also der Staaten oder der Länder, aus denen der Bund hervorgehen soll.«

An der Richtigkeit dieser Sicht der Dinge, die in Bayern vor sechzig und siebzig Jahren geäußert wurde, hat sich bis heute nichts geändert, sie hat sich vielmehr verdichtet. Ernst Deuerlein, der große Föderalismusdenker, hat die wissenschaftliche Unterfütterung der Positionen von Hoegner und Ehard geliefert: »Föderalismus ist der Aufstieg der Verantwortung vom Individuum bis zur Menschheit, wobei durch Anwendung des Subsidiaritätsprinzips jeweils nur so viel Verantwortung der nächsthöheren Stufe überlassen wird, wie diese zur Erfüllung ihres Aufgabenbereichs benötigt. Die höhere Einheit ist gehalten, Aufgaben und Aufgabenbereiche den kleineren Einheiten zu überlassen, wenn diese dazu in der Lage und auch willens sind. Voraussetzung dafür ist die Bereitschaft, auf die Ansammlung von Macht in jeder Form zu verzichten und die Verantwortung der kleineren Einheiten zu stärken.«

Bayerns Verhältnis zu Europa und seine Rolle in Europa sind ein eigenes Kapitel der bayerischen Geschichte. Bayern hat sich zu Recht immer als einen wichtigen Staat im europäischen Machtgefüge gesehen. Auch die bayerische Geschichtsschreibung war auf den Platz und das Wirken des Landes im europäischen Gesamtbild ausgerichtet. Erst nach 1871, nach der durch preußischen Druck und bayerische Schwäche erfolgten Preisgabe einer starken und selbstverständlichen Staatlichkeit an das neue, von Berlin dominierte Deutsche Reich, rückte die europäische Perspektive zu Gunsten der deutsch-nationalen in den Hintergrund.

Der Prozess der europäischen Einigung in der Nachkriegszeit fand denn auch stets aktives und auf

Mitwirkung drängendes Interesse der bayerischen Politik. Der von Franz Josef Strauß formulierte Dreiklang »Bayern ist unsere Heimat, Deutschland unser Vaterland und Europa unsere Zukunft« markierte die Generalrichtung. Zu Unrecht wird dieser Satz heute in Anspruch genommen, wenn es darum geht, Kritiker an Fehlentwicklungen der europäischen Politik, auch im Zusammenhang mit der Schulden- und Euro-Krise, als Gegner und Feinde Europas abzutun. Strauß war stets in besonderer Weise darauf bedacht, im internationalen Politikbetrieb deutsche und auch bayerische Interessen unbeirrt und entschlossen wahrzunehmen.

So war es auch kein Zufall, dass von Bayern aus stets nachdrücklich gefordert wurde, die Regionen, aus deutscher Sicht die Länder, und die Kommunen in Europa an den Brüsseler Entscheidungsprozessen mitwirken zu lassen. Die Ministerpräsidenten Max Streibl und Edmund Stoiber waren hier unermüdliche Verfechter. Im Vertrag von Maastricht wurde dann der »Ausschuss der Regionen« beschlossen, ein Organ aus Vertretern regionaler und kommunaler Gebietskörperschaften aus ganz Europa. Allerdings und auch bezeichnend – beschließende Kraft hat der Ausschuss nicht, er hat nur beratende Funktion. Ein allzu zartes Pflänzchen!

Die Zusammensetzung des Ausschusses spiegelt, gemessen an der Größe der deutschen Bevölkerung, der deutschen Wirtschaftskraft und der deutschen Finanzleistung für Europa, die völlig unzulängliche personelle Vertretung der deutschen Seite wider. Wie beim »Ausschuss der Regionen« steht es auch beim Europäischen Parlament und der Europäischen Kommission. Würde beispielsweise für die Wahl des Europaparlaments das urdemokratische Prinzip »One man, one vote« gelten, müsste Deutschland mit über 80 Millionen Einwohnern deutlich mehr als die ihm jetzt zugestandenen 99 der 754 Europa-Abgeordneten stellen. Dass in der Führung der Europäischen Union, in der Kommission, Deutschland nur einen der 27 Kommissare stellen darf, aber immer wieder, siehe Euro-Rettung, gefordert ist, die finanzielle Hauptlast zu tragen, ist schlichtweg ein untragbarer Zustand. Diese deutsche Unterrepräsentanz gibt es auch im Ausschuss der Regionen: Von den 344 Mitgliedern entfallen 24 auf Deutschland, davon 16 auf die Länder, also ein Vertreter auf Bayern. Stellt man dem gegenüber, dass Bayern von seiner Einwohnerzahl, mehr als 12,5 Millionen Menschen, und von seiner Wirtschaftskraft her unter den ersten 10 aller 27 EU-Mitglieder steht, tut sich auch hier ein fatales Defizit auf.

Schon der Status quo des Freistaats in Europa muss Bayern Sorgen machen. Jede weitere Schwächung der nationalen Souveränität Deutschlands führt in der aktuellen Konstruktion zwischen Berlin und München automatisch auch zu einer weiteren Minderung des bayerischen Einflusses in Europa, würde ihn in die Nähe des Verschwindens bringen. Von Professor Hans-Jürgen Papier, dem ehemaligen Präsidenten des Bundesverfassungsgerichts, stammt die nüchterne und alarmierende Analyse, dass die deutschen Länder die Verlierer im EU-Prozess sind. Auf der Jahreskonferenz der Präsidentinnen und Präsidenten der 16 deutschen Landesparlamente 2010 in Stuttgart hat Papier dieses Urteil begründet: »Durch die zunehmende

Verlagerung von Rechtsetzungskompetenzen auf die Unionsebene haben in der föderalen Ordnung Deutschlands vor allem die Landesparlamente einen zusätzlichen Bedeutungs- und Kompetenzverlust hinnehmen müssen. Denn in dem Prozess der zunehmenden Vergemeinschaftung von Regelungsbereichen sind seit geraumer Zeit – und mit dem Wirksamwerden des Lissabon-Vertrages noch in verstärktem Maße – Felder der klassischen Innenpolitik wie die der öffentlichen Sicherheit, Bildung, Kultus, Medien und öffentliche Daseinsvorsorge betroffen, die in der bundesstaatlichen Ordnung Deutschlands an sich den Gesetzgebungskompetenzen der Länder unterfallen.« Papier verweist zudem darauf, dass das Lissabon-Urteil des Bundesverfassungsgerichts die Frage aufgeworfen habe, ob diese Prozesse der »Entparlamentarisierung« auf der Ebene der Bundesländer mit der Bundesverfassung sowie den Landesverfassungen vereinbar sind.

Der CSU-Politiker Reinhold Bocklet, mit langer Erfahrung in der Landes- und Europapolitik gleichermaßen ausgestattet, hat »Die Stellung der deutschen Länder nach dem Lissabon-Vertrag im Mehrebenensystem« untersucht. Seine Bilanz ist wenig erfreulich: »Die deutschen Länder als Gliedstaaten der Bundesrepublik Deutschland befinden sich in diesem Mehrebenensystem im Spannungsfeld zwischen der Behauptung ihrer Staatlichkeit gegenüber dem Bund und der EU und der Vertretung ihrer regionalen Interessen in nachgeordneter Position. Das einzelne deutsche Land ist weder bei der Änderung des Grundgesetzes noch bei Kompetenzübertragungen auf die EU noch bei der Ausübung der Kompetenzen durch den Bund und die

EU unmittelbar beteiligt. Es bleiben mithin nur mittelbare und nachträgliche Instrumente, mittelbar über das Stimmverhalten im Bundesrat und nachträglich durch verfassungsgerichtliche Behelfe.«

Der Freistaat Bayern kann gegen eine solche Entwicklung nicht hart genug Widerstand leisten. Wenn der Bund, der nach eigenem Verständnis die deutschen Länder nach außen vertritt, seine Rechte, Aufgaben und Befugnisse immer mehr an Brüsseler Instanzen vergibt und vergeben will, ist dies ein existenzieller Anschlag auf den Freistaat Bayern. Der Bund hat durch fortgesetzte Kompetenzverlagerung das Grundgesetz bis zur Neige ausgeschöpft, sagt das Bundesverfassungsgericht. Deshalb bedarf jeder weitere Schritt in diese Richtung einer neuen Verfassung. Und über diese entscheidet das Volk. Überall in Deutschland. Auch in Bayern.

X Die Konsequenz
Bayern kann es auch allein

Es ist Zeit für das große bayerische Aufbegehren. Die geschichtlichen Erfahrungen Bayerns zeigen, dass das große und wichtige Land im deutschen Süden stets dafür büßen musste, wenn es einer fernen Zentralgewalt ausgeliefert war. Der Januar 1871, als das Königreich Bayern mit seinem Eintritt in den zentralistischen Einheitsstaat des neuen Deutschen Reiches unter preußischer Dominanz seine Souveränität verlor, markiert in einschneidender Weise den beginnenden Absturz auf einer schiefen historischen Ebene. Nach Erstem Weltkrieg, Weimarer Republik, nationalsozialistischer Gewaltherrschaft und Zweitem Weltkrieg fand diese Entwicklung ihr katastrophales Ende. Jetzt ist Bayern erneut bedroht. Es läuft Gefahr, in einem Berliner und Brüsseler Doppelgriff seine Freiheit und Staatlichkeit zu verlieren.

Der Aufbau des neuen und demokratischen Bayerns erfolgte im Rahmen der bundesstaatlichen und föderalistischen Ordnung der Bundesrepublik Deutschland, wobei der Freistaat seine Vorstellungen von starken Ländern mit ausgeprägter Eigenstaatlichkeit nur teilweise durchzusetzen vermochte. Hinzu kam, dass in den Jahrzehnten seit der verfassungsmäßigen

Grundlegung im Bund und in den Ländern die Entwicklung beständig in Richtung eines Kompetenzgewinns für die Zentralregierung und eines Kompetenzverlustes für die Länder, also für Bayern, lief. Den Regierungen in Bonn und dann in Berlin wohnte und wohnt offensichtlich ein nicht beherrschbarer Zwang inne, eigene Zuständigkeit und eigene Macht zu Lasten und auf Kosten der Länder auszuweiten.

Andreas Voßkuhle, Präsident des Bundesverfassungsgerichts, nahm im April 2012 einen Festakt zum 60-jährigen Bestehen des Landes Baden-Württemberg zum Anlass, Bitteres zum politischen Gewichtsverlust der deutschen Länder im Gesamtrahmen der Bundesrepublik zu sagen: »Gerade die Gesetzgebungskompetenzen sind es, die den Landesparlamenten zunehmend abhandenkommen, ohne dass dieser Entwicklung – zumindest bis in die jüngste Zeit – Nennenswertes entgegengesetzt worden wäre.« Die Ursache für diesen Bedeutungsverlust sieht Voßkuhle im »Bauplan des bundesdeutschen Föderalismus«, wonach nur Landesregierungen, aber keine Vertreter der Landesparlamente im Bundesrat Entscheidungsrechte hätten. Auch in der europäischen Integration sieht der Präsident des Bundesverfassungsgerichts einen Grund für den Weg der Landtage in die Bedeutungslosigkeit. Zwar habe der Bundestag, so Voßkuhles Analyse, durch den Vertrag von Lissabon wieder mehr Beteiligungsrechte gewonnen, die Parlamente der deutschen Länder hingegen hätten gegenüber Brüssel an Bedeutung verloren.

Kann sich der Freistaat Bayern schon des Drucks und der Einmischung, die von Berlin ausgehen, kaum erwehren, wird der Zustand völlig unerträglich dadurch, dass dieser Druck und diese Einmischung zusätzlich von Brüssel praktiziert werden. Zu dem Geist der Bayerischen Verfassung, 1946 in einem Volksentscheid mit überwältigender Mehrheit angenommen und nicht als »Geschäftsordnung« einer untergeordneten Provinz, sondern als feste, tragfähige und auf Dauer angelegte Verfassung eines Vollstaates geschaffen, steht diese Entwicklung in schroffem Widerspruch.

Ungeachtet dieser doppelten Bedrückung ist Bayern zu einem nicht nur wirtschaftlich starken Staat geworden. Einst, als es noch agrarisch geprägt war, stand Bayern am Ende der Rangliste der deutschen Länder. Heute hält es den Platz an der Spitze. Die Leistungskraft der Menschen, ihr Fleiß, ihre Beharrlichkeit, ihre Bereitschaft, Neues zu wagen und sich den Herausforderungen der Zukunft zu stellen, haben im richtigen politischen Rahmen das Land nach oben gebracht. Mit dem Erfolg wuchs das Selbstbewusstsein der Bayern, wuchsen der Stolz auf das Geleistete und die Liebe zur bayerischen Heimat. Aufgrund von geschichtlicher Kontinuität und Stabilität haben die Menschen in Bayern ein besonderes Verhältnis zu ihrem Land. An Attraktivität wird der Freistaat von keinem der anderen deutschen Länder auch nur annähernd erreicht, Bayern ist Traum und Ziel für Hunderttausende. In kaum mehr als zwanzig Jahren ist seit der freiheitlichen Wende in Deutschland und Europa die Bevölkerung in Bayern durch Zuwanderung von knapp 11 auf 12,5 Millionen Menschen angewachsen.

Alteingesessene und neu hinzugekommene Bayern,

die sich in bewusster Überzeugung für ein Leben im Freistaat entschieden haben, identifizieren sich mit ihrem Land. Ein intensives Heimatgefühl ist überall in Bayern, in all seinen Stämmen und Landschaften zu Hause. Diese Einstellung führt dazu, dass die Bayern, so die letzte Generationenstudie der Hanns-Seidel-Stiftung, mit großem Selbstbewusstsein und dem sprichwörtlichen Wir-Gefühl ihre Position innerhalb der Bundesrepublik Deutschland und Europas wahrgenommen sehen wollen. Deshalb ist es den Bayern wichtig, dass ihr Land den ihm zukommenden Spitzenplatz in der Reihe der deutschen Länder einnimmt. Bemerkenswert an den Ergebnissen der Untersuchung der Seidel-Stiftung ist, was die Menschen offensichtlich mit großer und kritischer Aufmerksamkeit sehen: dass die Positionierung des Freistaats in Deutschland und Europa ein schwieriges Unterfangen ist, das besondere politische Anstrengung verlangt. Immerhin ist jeder fünfte Bayer der Ansicht, dass das Gewicht des Freistaats im Konzert der deutschen Länder noch gesteigert werden könne und dass darüber hinaus auch eine Intensivierung der bayerischen Interessenvertretung durch die Staatsregierung in Deutschland und Europa geboten sei.

Auffällig an den Ergebnissen der Bayern-Analyse der Seidel-Stiftung ist, dass ein Thema, das in Politik und Öffentlichkeit kaum oder gar nicht diskutiert wird, in den Köpfen und Herzen der Menschen eine zunehmend wichtige Rolle spielt. Das ist die Frage nach mehr Unabhängigkeit für Bayern oder gar danach, ob Bayern ein eigenständiger Staat werden solle. Offensichtlich gibt es fernab der offiziellen politischen Tagesordnung bei den Menschen in Bayern Gedanken und Vorstellungen, die ohne jeden Anstoß von außerhalb entstanden sind, ohne lautstarke öffentliche Diskussion und ohne dass eine entsprechende Forderung im Programm einer Partei enthalten wäre, geschweige denn obenan stünde. Ohne Wenn und Aber sprechen sich in der 2011 erhobenen Studie der Stiftung 39 Prozent der Menschen für mehr Unabhängigkeit für Bayern aus, in der Vorgängerstudie von 2003 waren es erst 24 Prozent. Auch die Zahl der bayerischen Bürgerinnen und Bürger, welche die Frage, ob Bayern ein eigenständiger Staat sein solle, mit einem klaren Ja beantwortet, ist von 17 auf 23 Prozent gestiegen.

Knapp 40 Prozent der Bayern wollen mehr Unabhängigkeit für ihr Land, knapp ein Viertel will einen unabhängigen Staat – deutlicher als durch diese Zahlen könnte nicht zum Ausdruck gebracht werden, dass es zwischen der offiziellen Politik und dem politischen Denken eines großen Teils der Menschen in Bayern eine tiefe Kluft gibt. Diese Kluft könnte auch daher rühren, dass in politischen Sonntagsreden die bayerische Eigenstaatlichkeit zwar häufig beschworen, diese Eigenstaatlichkeit aber keineswegs konsequent verfolgt wird. Dabei fehlt es in Bayern an nichts, was einen unabhängigen und selbständigen Staat ausmacht.

Die Ausgangslage ist bekannt: Der Freistaat Bayern beeindruckt schon von seiner Größe her. Mehr als 12,5 Millionen Menschen leben auf einer Fläche von 70 555 Quadratkilometern. Bayern ist damit nicht nur nach Nordrhein-Westfalen das von Bevölkerung und Fläche her zweitgrößte deutsche Land. Es nimmt auch im Reigen der Mitgliedsländer der Europäischen Union einen der vorderen Plätze ein. Der Bevölkerungszahl nach liegt Bayern hier auf dem neunten, der Wirtschaftskraft nach, gemessen am Bruttosozialprodukt, auf dem siebten Rang. Warum also sollte Bayern nicht stark genug sein, seine Interessen in Europa selbst zu vertreten? Offensichtlich ist die deutsche Politik von Berlin aus nicht fähig oder willens, eine Entwicklung zu stoppen, welche die deutschen Länder, um noch einmal auf Hans-Jürgen Papier, den ehemaligen Präsidenten des Bundesverfassungsgerichts, zu verweisen, zu Opfern eines mehr und mehr entdemokratisierten europäischen Einigungsprozesses machte. Und Professor Papier stellt die einzig richtige Frage: ob die hier sich vollziehende »Entparlamentarisierung« auf der Ebene der Länder überhaupt noch mit dem Grundgesetz und den Länderverfassungen vereinbar sei.

Aufgabe der Bundespolitik und der Bundesregierung wäre es, sich diesen Angriffen entgegenzustellen, die auf die politische und staatliche Substanz der deutschen Länder gerichtet sind. Aber: Von der Bundespolitik ist hier kein Eingreifen zu erwarten, das der Entmachtung der deutschen Länder und der Aushöhlung ihrer demokratischen Substanz auf europäischen Umwegen ein Ende setzen würde. Im Gegenteil, der verhängnisvolle Trend der Preisgabe nationaler Souveränität an demokratisch völlig unzulänglich legitimierte europäische Instanzen setzt sich beschleunigt fort. Die deutschen Länder geraten damit noch weiter unter die ihre Staatlichkeit zermalmenden Räder europäischer Gleichmacherei.

Der Freistaat kann nicht tatenlos zuschauen, wenn

seine Interessen und Rechte auf europäischer Ebene von der Bundesrepublik Deutschland nicht in dem Maße wahrgenommen werden, wie sich dies aus ihrer Treuepflicht gegenüber den Ländern eigentlich als selbstverständlich ergeben würde.

Bayern muss den politischen Kampf um seinen Staat und um die Interessen seiner Bürgerinnen und Bürger aufnehmen. Angeblich Undenkbares darf oder muss gedacht werden. Was in den Köpfen vieler bayerischer Menschen bei den Stichworten »Unabhängigkeit« und »Eigenstaatlichkeit« umgeht, muss auch in die Köpfe von Politikern Eingang finden. Dann kann und muss geschehen, was für viele kleinere und manche mittlere europäische Staaten zu Recht in Anspruch genommene Wirklichkeit ist – die Vertretung der eigenen Sache in die eigenen Hände zu nehmen. Wenn das, um nur ein konkretes Beispiel herauszugreifen, in seiner Einwohnerzahl Bayern am nächsten liegende Griechenland 22 Abgeordnete ins Europäische Parlament entsendet, warum sollte dem Freistaat nicht die gleiche Zahl von Volksvertretern in Europa zustehen? Bayern ist einer der ältesten Staaten des Kontinents, auch daraus leitet sich weitab jeder Maßlosigkeit ein berechtigter Anspruch auf eine eigene Vertretung auf der europäischen Ebene ab.

Seit der historischen Wende des Jahres 1989 und der Folgejahre hat sich die Landkarte Europas gründlich verändert. Völker, die ein halbes Jahrhundert und länger ihrer Staatlichkeit beraubt waren, sind wiederauferstanden, sind ihren Weg nach Europa gegangen. Andere Völker, Bayern braucht hier nur auf ein besonders nahes und nachbarschaftliches Beispiel zu schauen, haben ihren gemeinsamen Staat auf friedlichem Wege aufgelöst und sich als Tschechische Republik und Slowakei zu neuer Staatlichkeit formiert. Auf dem Balkan ist dieser Prozess der Staatsfindung noch nicht abgeschlossen. Schottland demonstriert geradezu, wie man einen konstruktiven und demokratischen Weg in die Unabhängigkeit vorbereitet. Die Unabhängigkeitsbewegung in Katalonien zeigt, dass auch auf der Iberischen Halbinsel das letzte Wort über die staatliche Ordnung noch nicht gesprochen sein könnte. Bayerische Überlegungen in Richtung größerer Unabhängigkeit und Eigenstaatlichkeit fallen also nicht aus der Zeit.

Eingeengt in seiner staatlichen Gestaltungsfreiheit und Verantwortung wird Bayern nicht nur durch europäische Fehlentwicklungen. Auch innerhalb des Gefüges der Bundesrepublik Deutschland drücken Bayern schwerwiegende Belastungen und Lasten. Das mit dem Ziel des Gleichgewichts konzipierte Prinzip der föderalistischen Ordnung der Bundesrepublik Deutschland verschiebt sich immer mehr zu Gunsten des Bundes und zu Ungunsten der Länder. Besonders trifft dies Bayern, dem aus seiner Geschichte heraus und seinem Rang nach in einem bundesstaatlichen Gefüge die Rolle des föderalistischen Lordsiegelbewahrers zufällt. Allerdings hat Bayern bei der Wahrnehmung der aus diesem Selbstverständnis erwachsenden Aufgabe nicht nur den Bund als Gegenspieler, auch in vielen Ländern ist das föderalistische Bewusstsein und daher die Unterstützung für dieses Prinzip sehr sparsam ausgeprägt.

Ein Thema, bei dem Bayern als der Hauptzahler

nur von den nächsten beiden großen Zahlern Baden-Württemberg und Hessen in unterschiedlicher Weise auf Unterstützung rechnen kann, ist der Länderfinanzausgleich. Hier handelt es sich um eine gravierende und in diesem Ausmaß schon lange kaum mehr zu tragende Last. Hier wird eine Minderheit von der Mehrheit ausgebeutet. Der Vorgang ist längst zum folgenlosen Ritual geworden: Jedes Mal, wenn der Freistaat Bayern sich über seinen maßlosen Beitrag zum Länderfinanzausgleich beklagt, löst dies bei den Nehmerländern – und 2011 waren es 12 von 16! – die immer gleichen Reaktionen aus: Empörung darüber, wie Bayern überhaupt auf den Gedanken kommen könne, an dieser gewohnten und komfortablen Einrichtung zu rütteln, Entrüstung über diesen groben Akt der Unsolidarität aus dem deutschen Süden, Unverständnis über den bayerischen Versuch, hier Änderung schaffen zu wollen. Die Allianz der Gekränkten und Beleidigten, die sich jedes Mal formiert, wenn Bayern seine Beschwerde vorträgt, zeichnet sich dabei durch eine bemerkenswerte Überparteilichkeit aus: SPD- wie CDU-regierte Länder sind sich untereinander und auch mit Grünen und Linkspartei einig darüber, dass das erfolgreiche Anzapfen der Kassen des Freistaats, vom bayerischen Steuerzahler vorbildlich gefüllt, eine unangreifbare Dauereinrichtung bleiben muss. Dabei wollen politische Kräfte, wie beispielsweise die Grünen, über den Länderfinanzausgleich hinaus noch größere finanzielle Leistungen von starken Ländern wie Bayern. Jürgen Trittin, dessen Partei unbekümmert um die damit verbundene zusätzliche Belastung Deutschlands »Eurobonds« fordert, will auch »Deutschlandbonds«:

»Die Bundesländer müssen in die Lage versetzt werden, die Lasten der Schuldenbremse zu tragen. Dies geht mit Deutschlandbonds, die gerade den armen Ländern und Stadtstaaten helfen.« Die Ausbeutung Bayerns tritt in immer neuen Formen auf!

Seit Jahren wird der Länderfinanzausgleich von Bayern als dem Hauptzahler – von einem Gesamtaufkommen von 7,3 Milliarden Euro im Jahr 2011 entfielen auf den Freistaat mit 3,663 Milliarden Euro mehr als die Hälfte! – auf die politische Tagesordnung gebracht. Ernsthaft behandelt wurde dieser für Bayerns Zukunft existenzwichtige Punkt nie. Auch die Anrufung des Bundesverfassungsgerichts wurde und wird immer wieder diskutiert, zuletzt mit gesteigerter Intensität im Jahr 2012. Selbst wenn es zu einem solchen Schritt – von Bayern allein oder unterstützt von Hessen – kommen sollte, die Dauer und der Ausgang einer solchen Klage wären mit erheblichen Fragezeichen zu versehen. Bayern wäre zum Beispiel nicht damit gedient, wenn das Ergebnis eines solchen Verfahrens, wann immer sein Ende käme, lediglich zu einer Korrektur an der Höhe der vom Freistaat zu erbringenden Zahlungen oder gar nur zu einer Verhinderung eines weiteren Zuwachses dieser Leistungen führen würde. Dieser Zuwachs ist nach der geltenden Regelung programmiert: Bayerns Finanzminister Markus Söder wartete im Mai 2012 mit der Horrorbotschaft auf, dass Bayerns Beitrag zum Länderfinanzausgleich im Jahr 2013 vier Milliarden Euro erreichen und im Folgejahr auf 4,2 Milliarden Euro ansteigen wird. Dabei bringt die Höhe des bayerischen Beitrags zum Länderfinanzausgleich die solidarische Leistung des Freistaats für andere Länder nur unzureichend zum Ausdruck – insgesamt wandern 16 Prozent (!) des bayerischen Steueraufkommens in die Kassen anderer Länder.

Dieser Zustand kann nur geändert werden, wenn der Freistaat, um ein Wort von Wilhelm Hoegner aufzugreifen, wieder eigener Herr im »Gasthaus zum Bayerischen Löwen« wird. Selbstverständlich würde es auch ein unabhängiges und selbständiges Bayern nicht an seiner deutschen Solidarität fehlen lassen. Die deutsche und die bayerische Geschichte liefern hierfür Beispiele in großer Zahl. Aber die bundesstaatliche Wirklichkeit der Bundesrepublik Deutschland führt dazu, dass dem Freistaat Bayern, im krassen Gegensatz zur festgeschriebenen föderalistischen Ordnung, mehr und mehr die Luft zum Atmen genommen wird. Wegen seiner Leistungskraft, in der sich die Tüchtigkeit seiner Menschen ausdrückt, ist Bayern ein besonderes Opfer einer doppelten Transferunion, einer deutschen und einer europäischen. Diese Situation ist unerträglich. Bayerns Zukunft kann nicht darin liegen, Mitglied in einer zweifachen Enteignungsunion zu sein, in der es seiner Staatlichkeit ebenso wie seiner finanziellen Substanz beraubt wird.

Mit welcher Brutalität die Politik der EU-Kommission – auch jenseits des Dauerangriffs auf das Geld der deutschen Steuerzahler – auf die politische Entmachtung der Bundesrepublik Deutschland gerichtet ist, geht aus dem im Mai 2012 vorgelegten Länderbericht Deutschland hervor. Die Kommission des José Manuel Barroso maßt sich in einer Weise Kompetenzen an und erlaubt sich eine Einmischung in die deutsche Politik, die in ihrer Konsequenz zum Ende jeder nationalen Eigenverantwortung, zuerst in Berlin und dann auch in München, führen würde. So will die Kommission unter anderem die Beseitigung der kostenlosen Mitversicherung von Ehefrauen in der Krankenkasse, die Abschaffung des Ehegattensplittings, eine höhere Besteuerung von Vermögen, eine höhere Grundsteuer für Immobilienbesitzer, mehr Ganztagsschulen und Kindertagesstätten und die Belastung vieler Güter mit dem vollen, nicht mit dem reduzierten Mehrwertsteuersatz. Das in Deutschland von der Regierung beschlossene und heftig diskutierte Betreuungsgeld wird von Brüssel – nicht überraschend – abgelehnt. Eigentlich müsste ein solcher europäischer Zugriff auf deutsche Zuständigkeit einen Aufschrei der Empörung und eine scharfe Zurechtweisung der Kommission zur Folge haben. Die Wirklichkeit aber ist Schweigen! Und immer wieder ist daran zu erinnern, dass alles, was an politischer Zuständigkeit dem Bund weggenommen wird, die Länder, und damit Bayern, weiter schwächt.

Noch einmal: Aufgrund seiner geschichtlich gewachsenen und noch immer fest gefügten Eigenart, die sich auch in einer nicht weniger ausgeprägten Eigenwilligkeit seiner Menschen zeigt, liegen der Freistaat Bayern und seine Menschen in einem angeborenen Widerstand gegen Zwänge von außen, gegen Einebnung und Gleichmacherei. Bayern zieht aus der Vielfalt innerhalb seiner Grenzen seine besondere Kraft. Deswegen muss es mit Wachsamkeit und Kraft darauf bedacht sein, sich der Beseitigung dieser Vielfalt durch außerbayerische Kräfte zu erwehren. Dieser Würgegriff, in seiner fatalen Wirkung dadurch verdoppelt, dass er aus Berlin und aus Brüssel kommt, macht bayerische Notwehr umso dringender.

Die Bayern müssen das Recht der demokratischen Entscheidung über ihr Land behalten und dort, wo es verloren gegangen ist, wiedergewinnen. Die Verantwortung für den Freistaat darf sich nicht in widerspruchslosen Entscheidungen in den entfernten Ebenen deutscher und in den noch weiter entfernten Ebenen europäischer Politik verlieren. Im europäischen Bereich darf dies umso weniger der Fall sein, da sich die dort in Richtlinien und Krisengipfelbeschlüssen vollzogene Politik demokratischer und parlamentarischer Verantwortung entzieht. Die Schulden- und Euro-Krise führt im Verein mit der Praxis immer neuer milliardenschwerer Staudämme, die schon bei der Errichtung gefährliche Risse zeigen, zu einer Entdemokratisierung jenes Kontinents, der einst stolz darauf war, die Wiege der Demokratie zu sein. Das Unbehagen an dieser antidemokratischen europäischen Tendenz wächst überall, in der Wissenschaft, in den Medien und, zumindest in Ansätzen, auch in der Politik.

Bayern muss von seinem Selbstverständnis her, das aus einem starken Freiheitswillen seiner Menschen erwächst, in die erste Reihe jener Kräfte gehören, die gegen diese undemokratische Entmündigung aufstehen. Bayern muss aufhören, mit dem Ertrag der Arbeit seines fleißigen Volkes andere Länder Jahr für Jahr mit Milliardensummen zu subventionieren, wofür es statt angebrachtem Dank nur Häme und Spott erntet. Was mit den abfließenden Milliarden Notwendiges und Nützliches zum Wohle der Menschen in Bayern getan werden könnte, vermag man sich kaum vorzustellen.

Der Freistaat Bayern muss für die politische und staatliche Freiheit kämpfen, welche die Aufbau- und Gründergeneration im Sinn hatte, als sie die Bayerische Verfassung als Verfassung eines Vollstaates formulierte. Dieses Konzept der Eigenstaatlichkeit gilt es zur Hand zu nehmen und danach zu handeln. Wer den Kampf für die Unabhängigkeit und Eigenstaatlichkeit Bayerns aufnimmt, steht damit auf einem festen Fundament. Für diesen Kampf die volle Unterstützung der Bayern zu gewinnen, ist keine Utopie. Weil es stimmt: Bayern kann es auch allein.

Ausgewählte Literatur

Adenauer, Konrad: Erinnerungen. 1955–1959. Stuttgart 1967

Bagus, Philipp: »Mehr Europa wagen. Rückbesinnung auf Freiheit, Vielfalt, Eigenverantwortung und Wettbewerb«. In: Der Hauptstadtbrief – Informations- und Hintergrund-Dienst aus Berlin, Nr. 105. Berlin 2012

Bayerische Landeszentrale für Politische Bildungsarbeit (Hrsg.): Auftrag, Bewährung, Ausblick. 1946–1986. 40 Jahre Bayerische Verfassung. Mit Beiträgen von Franz Heubl, Franz Knöpfle, Konrad Kruis, Hermann Leeb, Leo Parsch, Rainer A. Roth, Helmut Rothemund, Peter M. Schmidhuber, Konrad Stollreither, Franz Josef Strauß und Hans Weiß. München 1986

Bayerisches Landesamt für Statistik und Datenverarbeitung (Hrsg.): Statistisches Jahrbuch für Bayern 2010. München 2010

Berger, Roland: »›Der Bürger sieht im Moment nur heraufziehendes Chaos‹. Vorschläge zur Behebung der Euro-Krise«. In: Der Hauptstadtbrief – Informations- und Hintergrund-Dienst aus Berlin, Nr. 105. Berlin 2012

Berthold, Norbert/Fricke, Holger: Föderalismus und Wachstum – eine vernachlässigte Beziehung. Bayerische Julius-Maximilians-Universität Würzburg. Wirtschaftswissenschaftliche Beiträge des Lehrstuhls für Volkswirtschaftslehre, Wirtschaftsordnung und Sozialpolitik Prof. Dr. Norbert Berthold, Nr. 83. Würzburg 2005 (http://hdl.handle.net/10419/22323)

Berthold, Norbert/Fricke, Holger: Der Länderfinanzausgleich. Wie sehr schadet er, wie sollte er reformiert werden? Bayerische Julius-Maximilians-Universität Würzburg. Wirtschaftswissenschaftliche Beiträge des Lehrstuhls für Volkswirtschaftslehre, insbesondere Wirtschaftsordnung und Sozialpolitik Prof. Dr. Norbert Berthold, Nr. 94. Würzburg 2007 (http://hdl.handle.net/10419/22334)

Bocklet, Reinhold: »Die Stellung der deutschen Länder nach dem Lissabon-Vertrag im Mehrebenensystem der EU«. Vortrag vor der Universität Hildesheim am 14. November 2011 (http://www.csu.de/eprise/main/dateien/arbeitskreis/asp/Dateien/blitzinfo/20120110/Die_Stellung_der_deutschen_Laender_nach_dem_Lissabon-Vertrag.pdf)

Bosl, Karl (Hrsg.): Bosls bayerische Biographie. 8000 Persönlichkeiten aus 15 Jahrhunderten. Regensburg 1983

Boysen, Sigrid: Gleichheit im Bundesstaat. Tübingen 2005

Bußmann, Hadumod: Ich habe mich vor nichts im Leben gefürchtet. Die ungewöhnliche Geschichte der Therese Prinzessin von Bayern. 1850–1925. 3., durchges. Aufl. München 2012

Deuerlein, Ernst: Föderalismus. Die historischen und philosophischen Grundlagen des föderativen Prinzips. Bonn 1972

Deuerlein, Ernst: »Bayern«. In: Geschichte der deutschen Länder. Territorien-Ploetz, Bd. 2.: Die deutschen Länder vom Wiener Kongress bis zur Gegenwart. Hrsg. von Georg Wilhelm Sante. Würzburg 1971

Dinglreiter, Adolf/Weiß, Dieter J. (Hrsg.): Gott mit Dir du Land der Bayern. Zum 90-jährigen Bestehen des Bayernbundes e.V. Rosenheim 2011

Ebner, Stephan: Verfassungsrechtliche Ausgestaltung des horizontalen Finanzausgleichs. Länderfinanzausgleich ein bundesstaatlicher Eckpfeiler (?). Saarbrücken 2009

Enzensberger, Hans Magnus: Sanftes Monster Brüssel oder die Entmündigung Europas. Berlin 2011

Gaulle, Charles de: Memoiren der Hoffnung. Die Wiedergeburt 1958–1962. Wien 1970

Glaser, Hubert: »Ludwig III. König von Bayern. Skizzen aus seiner Lebensgeschichte«. In: Katalog zur Ausstellung in Wildenwart. Hrsg. von Max Oppel. Prien am Chiemsee 1995

Gruber, Thomas (Hrsg.): Ansichtssache Bayern: Annäherungen an eine Heimat. Bayerischer Rundfunk. München 2010

Hanns-Seidel-Stiftung (Hrsg.): Politische Partizipation und gesellschaftliches Engagement in Bayern aus Sicht unterschiedlicher Generationen und Regionen. Generationenstudie 2010. Sonderausgabe Politische Studien. München 2011

Hartmannsgruber, Friedrich: Die Bayerische Patriotenpartei 1868–1887. München 1986

Hayek, Friedrich August von: Der Weg zur Knechtschaft. Mit einer Einleitung zur Neuherausgabe von Milton Friedman. München 1971

Henker, Michael/Brockhoff, Evamaria (Hrsg.): Bollwerk der Freiheit – 60 Jahre Bayerische Verfassung, Bayerischer Landtag. Begleitpublikation zur Ausstellung des Bayerischen Landtags und des Hauses der Bayerischen Geschichte. Hefte zur Bayerischen Geschichte und Kultur, Bd. 35. Augsburg 2006

Hubensteiner, Benno: Bayerische Geschichte. Staat und Volk, Kunst und Kultur. München 1963

Jung, Adrian: Maßstäbegerechtigkeit im Länderfinanzausgleich. Die Länderfinanzen zwischen Autonomie und Nivellierung. Berlin 2008

Körner, Hans-Michael: »Kulturkampf im Königreich Bayern. Staat und Kirche in der Regierungszeit König Ludwigs II«. In:

Zur Debatte. Themen der Katholischen Akademie in Bayern, Heft 1/2012. München 2012

Kramer, Ferdinand: »Eckpunkte der bayerischen Geschichte 1948–2008. Erkenntnisse, Themen, Perspektiven«. Vortragsmanuskript 2008

Kraus, Andreas: Geschichte Bayerns. Von den Anfängen bis zur Gegenwart. München 2004

Kritzer, Peter: Wilhelm Hoegner. Politische Biographie eines bayerischen Sozialdemokraten. München 1979

Lang, Kai-Olaf/Ondarza, Nicolai von: »Die Rückkehr beweglicher Grenzen? Sezession und Unabhängigkeitsbestrebungen in der Europäischen Union«. In: Ungeplant ist der Normalfall. Zehn Situationen, die politische Aufmerksamkeit verdienen. Hrsg. von Volker Perthes und Barbara Lippert. Stiftung Wissenschaft und Politik, Deutsches Institut für Internationale Politik und Sicherheit. Berlin 2011

Lohmeier, Georg: Liberalitas Bavariae. Von der guten und weniger guten alten Zeit in Bayern. München 1971

Lübbe, Hermann: »Vereinigte Staaten von Europa?« In: Frankfurter Allgemeine Sonntagszeitung, 15. Oktober 2011

Ockenfels, Wolfgang: »Wie teuer ist uns Europa?« In: Die neue Ordnung, 65. Jahrgang/Heft 6. Bonn 2011

Pera, Marcello: Warum wir uns Christen nennen müssen. Plädoyer eines Liberalen. Mit einem Vorwort von Papst Benedikt XVI. Augsburg 2009

Schmid, Alois/Weigand, Katharina (Hrsg.): Bayern – mitten in Europa. Vom frühen Mittelalter bis ins 20. Jahrhundert. München 2005

Schmid, Alois/Weigand, Katharina (Hrsg.): Bayern nach Jahr und Tag. 24 Tage aus der bayerischen Geschichte. München 2007

Schweitzer, Michael (Hrsg.): Die Landesparlamente im Spannungsfeld zwischen europäischer Integration und europäischem Regionalismus. Referate und Diskussionsbeiträge eines Symposiums des Bayerischen Landtags am 9./10. Juni 1988 in München (Maximilianeum). Beiträge zum Parlamentarismus, Bd. 2. München 1988

Schwend, Karl: Bayern zwischen Monarchie und Diktatur. Beiträge zur bayerischen Frage in der Zeit von 1918 bis 1933. München 1954

Seybold, Martin: Der Finanzausgleich im Kontext des deutschen Föderalismus. Perspektiven für einen zukünftigen Länderfinanzausgleich. Baden-Baden 2005

Sigl, Rupert (Hrsg.): Dr. Sigl. Ein Leben für das Bayrische Vaterland. Rosenheim 1977

Spindler, Max (Hrsg.): Bayerische Geschichte im 19. und 20. Jahrhundert. 1800–1970. Teilbd. 1: Staat und Politik. Teilbd. 2: Innere Entwicklung, Land, Gesellschaft, Wirtschaft, Kirche, geistiges Leben. München 1978

Strauß, Franz Josef: Die Erinnerungen. Berlin 1989

Weiß, Dieter J.: Kronprinz Rupprecht von Bayern (1869–1955). Eine politische Biografie. Regensburg 2007

Wider Kaiser und Reich 1871. Reden der verfassungstreuen Patrioten in den bayerischen Kammern über die Versailler Verträge. Mit Einführung, Anmerkungen, Nachwort und Register von Elmar Röder. Unveränderter Neudruck der Originalausgabe von 1871. München 1977